나와 남을 위한

글쓰기와 말하기

나와 남을 위한

글쓰기와 말하기

나와 남의 '의사소통'과 '설득'을 위하여

인간은 누구나 사회의 한 구성원이며 사회에서 살아간다. 사회라고 해서 거창하게 생각할 필요는 없다. 둘 이상이 모여 서로 관계를 의식하면 그 시공간이 하나의 사회이며, 사회성은 서로 의사(意思)를 소통하기 시작하면서 그 실재가 생성된다.

인간 삶의 본질에 사회성을 부여한 언어, 즉 말과 글이 없었다면 문명과 문화의 전개는 불가능하였다. 몸짓과 눈빛, 소리로도 의사소통을 할 수 있지만 그 수준은 본능과 이성의 중간 단계에 국한된다. 인간은 오랜 세월에 걸쳐 목소리의 다양한 연출과 문자의 창제에 성공하고 여러 사물과 관념을 지시하는 어법과 문법을 고안하여 의사소통의 수단으로 체계화하였으며, 이를 도구로, 정보와 지식을 창출하고 공유하면서 자신과 세계를 발전시켰다. 다시 말해 오늘 우리의 인간의식, 문명과 문화는 말과 글의 소통기능을 뿌리로 한 협업의 산물이다. 앞으로도 인간은 말과 글을 사용하여 사회성을 발휘하면서 너 새로운 인간과 세계를 만들어나갈 것이다.

우리는 말과 글의 기능과 위대한 창조력을 거듭 상기하면서 이 책 『나와 남을 위한 글쓰기와 말하기』를 오늘 우리 대학생들의 어문 능력을 향상시킬 목적으로 편찬하였다.

글쓰기와 말하기의 능력은 이미 시사되었듯 학업과 취업, 그리고 직장의 업무에서 필수로 요구되는 기초 자질이다. 새삼스럽지만 우리는 수업시간에 각종 어문 발표해야 하고, 팀을 이루어 수행과제를 추진해야 하며, 이런저런 회합에 참석하여 발언하거나 문건을 제출해야 한다. 취업전형에서는 자기소개서 심사와 면접을 통과해야 하며, 직장에서는 원활한 직무 수행을 위해 여러 회의에 참석해 현안을 토의하거나 문서를 작성해야 한다. 뿐만 아니라 새로운 진로를 기획하고 그 실현의 하나로 프레젠테이션을 하기도 해야 한다.

이 시점에서 자신의 말과 글이 남과의 소통에 원만한지를 한번 돌이켜보자. 여러 사람 앞에서 자신의 의견과 주장을 자연스럽게 발언하거나 독자의 이해를 위하여 정확하고 쉽고 간략하게 서술할 수 있는가? 목적과 상황에 따라 말과 글의 형식과 내용을 통합하면서 구조화할 수 있는가? 시간을 아껴 군더더기 없이 필요한 말만 진술하고 필요한 글만 서술할 수 있는가? 청자와 독자가 나의 말과 글에 호감을 갖고 주의를 기울이며 핵심 메시지를 수용하면서 긍정하게 할 수 있는가?

이러한 문제들을 누구라도 다 해결하기는 어렵지만 관련 자세와 요령을 참조하여 연습한다면 분명 향상이 가능하다.

이 책은 글쓰기와 말하기의 기초를 다루면서 시험답안, 자기소개서, 비즈니스레터, PT보드 문안, 기획서, 문화·시사비평, 그리고, 토론, 프레젠테이션, 면접, 대화 등 사회에서 실제로 필요한 장르들을 다룬다. 독자 여러분들이 이 책을 벗으로 삼아 여러분의 독자와 청자를 위하여 참조하기를, 그리하여 작게는 나의 학업과 성취(成就)를, 크게는 나와 사회를 개선하는 '실사구시(實事求是)'를 이룰 수 있기를 바라마지 않는다.

끝으로, 글쓰기와 말하기 학습은 우리의 인격 수양과 인간성 계발에도 기여한다는 것을 강조하고 싶다. 학습 과정에서, 그 어떠한 말과 글도 합리성과 조리성이 있어야 하고 청자와 독자를 배려해야 하며 남의 말과 글을 존중하면서 수용하는 미덕을 기를 수 있기 때문이다. 이러한 미덕은 말하기와 글쓰기의 성숙일 뿐만 아니라 인간으로서의 성숙을 의미한다.

2014년 2월,
안양 수리산 기슭에서 저자 일동

차 례

CONTENTS

viii

차 례
CONTENTS

Part I

글쓰기

글쓰기는 경쟁력, 글쓰기를 이렇게 하자

● ● ●

- ◉ 글쓰기는 선택이 아닌 필수
- ◉ 무엇보다도 읽는 사람을 배려하자
- ◉ 먼저 주제를, 주제는 글의 영혼
- ◉ 제재를 찾아라, 제재는 글의 육체
- ◉ 개요를 만들자, 개요는 글의 뼈대
- ◉ 글은 단어 문장 단락의 연합체
- ◉ 고치면 고칠수록 좋은 글이 된다

글쓰기는
선택이 아닌 필수!

우리는 글쓰기 능력이 학교와 사회에서 경쟁력이 되는 시대에 살고 있다. 언뜻 보면 글쓰기가 자신의 전공과 일단 무관하기에 직장과 사회에서 글쓰기 능력이 꼭 필요한 것인가 하고 의구심을 품을 수도 있을 것이다. 하지만 글쓰기는 전공 학업을 진행하고 그 성과를 학교와 사회에서 활용하기 위해 꼭 필요한 기초공부이다.

내가 심혈을 기울여 쓴 시험답안, 레포트, PT보드원고, 작품의 의도나 디자인 콘셉트(concept)를 설명한 글을 교수님이 읽고, 문장들에 오류가 있어 무슨 뜻인지 애매해 하거나, 무엇을 주장하며 무엇을 근거로 삼고 있는지 핵심 내용을 알기 어렵다면서 낮은 점수를 주셨다면? 그저 교수님을 원망하고 나의 글쓰기 능력에 잠시 실망하다가 그냥 방치하고 넘어가도 되는 것일까?

그렇게 해서는 곤란하다. 우리는 우리가 배운 지식과 견해를 활용하려면 그것들을 글로 표현할 수 있어야 하며, 그 글이 읽는 사람과 소통이 가능하면서 동의를 유도할 수 있어야 우리의 지식과 견해는 비로소 사회성과 효용성을 획득한다. 가까운 예로, 잘 쓴 '자기소개서' 한 편이 곧바로 취업 경쟁력이 되는 냉엄한 현실이 아닌가? 자신의 성취와 새로운 성취로 나아가려는 의지가 아무리 강력하더라도 그것을 제대로 표현하지 못한다면 무슨 소용이 있겠는가.

취업 이후에는 또 어떤가? 진짜 문제는 취업 이후가 아니겠는가? 회사에서 동료와 상사와의 공식적인 업무 소통은 다양한 문서로 이루어진다. 정보와 의견, 참조와 대책은 문서로 제시되었을 때에라야 비로소 상호 신뢰할 수 있는 근거가 된다. 말은 기록성이 없어 가감이나 왜곡이 일어나기 쉽기 때문이다.

아울러 인터넷이 발달하면서 글쓰기 비중은 더욱 증가하는 추세이다. 그에 따라 글쓰기 문제로 고통을 받는 직장인들도 증가하고 있다. 입사 1년차부터 스트레스가 쌓이고, 5년차가 되면 갈등이 심각해진다고 하며, 10년차가 되면 글쓰기 때문에 사표 내는 걸 고민해야 한다고도 한다. 즉 조사 보고서, 기획서, 비즈니스 레터 등의 글쓰기 능력은 직장에서 그 사람의 업무능력을 판별하는 하나의 중요한 기준이 되고 있다.

다시 말해, 글쓰기를 작가, 시인, 편집자, 신문기자를 떠올리며 전문가들의 특수 영역으로 한정짓지 말아야 한다. 말하기와 더불어 글쓰기도 모든 사람들의 사회생활에서 매우 중요한 비중을 차지하며, 비즈니스 실용문 쓰기 능력은 모든 직장인의 업무 추진에서 필수 요건이다. 그럼에도 우리는 글쓰기가 힘들어 회피하였고 그 필요성을 절실히 느끼지 못해 그 공부를 늘 미루기만 하였다.

무엇보다 읽는 사람을 배려하자

학교에서의 시험 답안과 보고서, 회사에서의 다양한 문서 역시 결국은 타인에게 전달되어 읽히는 일종의 공적인 글이다. 그렇기에 특히 실용 장르의 글은 읽는 사람을 고려해 쓸 필요가 있다. 자신이 작성한 글을 상대방이 일단 쉽게 이해할 수 있어야 한다. 이해야말로 소통의 관건이며, 설득의 단서이기 때문이다.

첫째, 그렇기에 모든 필자는 우선 자신의 글을 읽는 사람과 대면 대화를 하고 있지 않다는 사실을 명심하여야 한다. 오직 문장과 문장으로서만 판단과 의견을 전달해야 한다. 따라서 문장으로 내용은 물론 대화 때의 상황, 표정, 몸짓까지 다 고려하여 표현할 수 있어야 할 것이다.

둘째, 서술 관점의 문제이다. 글은 필자 자신의 입장에서 쓸 수 있고, 글의 대상(문제) 입장에서 쓸 수 있으며, 또 읽는 사람의 입장에서도 쓸 수 있다. 이 셋 중에서 세 번째가 가장 바람직하다. 이를 전제하지 않으면, 자신의 입장에서 쓰게 되거나 문제 자체에 매달려 읽는 사람이 내용 이해에 어려움을 느끼기 쉽다. 따라서 필자는 자신이 쓰는 글의 주제가 무엇인지 분명하게 부각하여야 하며, 그 주제를 이해시킬 수 있는 사항이나 자료를 거론해야 한다. 아울러 관습화된 형식을 준수하여 소통을 쉽게 하고 불필요한 부연은 삼가야 한다. 뿐만 아니라 문장은 정확하고 평이해야 한다. 그럴 때에라야 읽는 사람이 글의 맥락을 쉽게 이해하고 문제를 선명하게 파악할 수 있다. 그래야만 독자와의 소통뿐만 아니라 설득도 가능하다.

셋째, 자신이 쓰는 글에 대해 독자들이 필자만큼의 애착과 배경 지식을 가지고 있다고 생각하지 말아야 한다. A사의 신약(新藥) 연구실 직원이 신제품 출시 제안을 위해 프레젠테이션 원고를 작성한다고 가정해보자. 그 자리에 CEO는 물론 기획부, 경리 홍보부, 영업부, 총무부 등 각 부서의 간부와 직원들이 모여 있을 것이다. 그들에게 자신들이 개발한 신약의 성분과 효능을 여러 전문용어와 화학식을 동원한 PT보드 문안으로 설명한다면, 그 분야에 무지한 사람들은 이해는커녕 짜증만 날 것이다. 그것은 곧 프레젠테이션의 실패가 아닐 수 없다.

이처럼 실용문일 경우 더욱 독자의 이해를 배려하여야 한다. 소통을 실현하기 위해 무엇보다도 자신의 메시지를 쉽고 분명하게 전달해야 한다. 그 방법으로 우선 PREP 법칙을 기억해 두면 효과적이다.

Point   - 전달하고자 하는 핵심은 무엇인가?

Reason - 핵심이 나오게 된 배경이나 이유를 제시하고 있는가?

Example - 적절한 예로 이해를 돕고 있는가?

Point   - 요점을 요약하고 있는가?

먼저 주제를,
주제는 글의 영혼

주제란 글 쓰는 이가 독자에게 전달하고자 하는 중심생각이다. 즉 글 쓰는 이의 의도의 핵심을 주제라 할 수 있다. 주제를 설정하면 글의 초점을 형성할 수 있고 관련 제재를 모색할 수 있게 된다. 거꾸로 여러 제재에서 주제를 추출하거나 선별할 수도 있다.

간단한 실용문에서도 당연히 글의 주제가 존재한다. 실용문의 주제 설정에서 고려해야 할 두 가지 조건을 검토해보자.

첫째, 대부분의 실용문에서 주제는 바로 그 안건 자체이기에 필자는 안건은 물론 관련 사정에도 정통하여야 한다. 해당 업무의 개념을 위주로 하여 관련 용도와 의도를 추가하면 주제가 되기 때문이다. 또 이 주제를 문서의 제목으로 드러내야 글 전체의 전달 효과가 높다. 예를 들어 내가 A전자의 스마트폰 영업담당 직원이다. B사 구매과 직원에게 A전자의 신제품 스마트폰 구매 요청을 희망하는 비즈니스 레터나 공문서를 쓸 경우, 주제는 '귀사에서 저희 회사 신제품 스마트폰을 구매해주기를 요청합니다'가 될 것이다. 글의 제목으로는 '신제품 스마트폰 구매 요청 건' 정도면 무난할 것이다. 본문에서는 물론 구매 결정을 촉진하기 위해 신제품 스마트 폰의 장점을 서술해야 한다.

둘째, 제안서, 작품설명서, 광고카피 등에서는 창의성이 요구된다. 즉 이런 글들은 주제 자체가 새로우며 효율성도 있어 독자의 주목을 끌고 흥미를 유발해 읽는 사람을 집중하게 할 수 있어야 한다. 이미 다른 사람이 먼저 제기하였거나 반복한 것을 거듭하는 상투적인 내용이라면, 독자는 그런 글을 읽으려 하지 않을 것이다.

이상 두 조건은 실용문의 장르에 따라 별도로 적용되기도 하지만 어느 쪽이든 주제 고려에서 종합하면 좋다. 그 사례로 광고카피의 경우를 생각해볼 수 있다. 소비자에게 인상적인 문구를 각인시키기 위해 광고카피 문구에는 말 그대로 촌철살인의 표현이 요구된다. 글을 쓰는 이는 짧지만 강렬한 문구를 산출하기 위해 제품의 콘셉트나 특징을 구체적으로 이해하고, 이를 토대로 무엇을 새롭게 부각할 것인가를 판단해야 한다.

가령 C사의 신제품 MP3는 타사 제품보다 튼튼하고 디자인이 수려하고 기능도 다양하고 음질도 좋다. 이 모든 것을 종합하는 광고카피를 쓴다면 아마도 '좋다' 정도일 것이다. 그러나 이런 문구는 얼마나 진부하고 막연한가? 다양한 기능 중 부각할 점을 선별하였다면 이에 초점을 맞춰 주제 카피를 지어야 한다. 그 기능을 개념 그대로 드러내서는 대중의 주목을 끌기 어렵기에, 쉽고도 재미있는 메시지와 이미지로 장점을 드러내야 할 것이다.

제재를 찾아라,
제재는 주제의 육체

　제재란 주제를 구체화하기 위해 사용하는 글의 재료이다. 제재는 될 수 있으면 다양하고 풍부하게 마련하고 나서 요약하는 것이 좋다. 그 선택 조건도 주제 설정하기 때와 마찬가지인데, 자신이 직·간접으로 경험한 세계에서 제재를 발견한다면 금상첨화일 것이다.

　다시 광고 카피로 돌아가보자. D사의 신제품 자동차는 레저를 즐기는 삼십대 남성을 주 소비층으로 겨냥해 출시되었다. 아마도 주제는 '삼십대 남성이 주로 레저용으로 쓸 신차가 출시되었습니다' 정도일 텐데, 이를 뒷받침할 제재로는 어떤 것이 좋을까?

　삼십대 남성들에게 차를 선전할 광고 문구를 만들기 위해서는 일단 다음과 같은 단어들이 떠올라야 하지 않을까? 열정, 젊음, 역동성, 모험, 대자연…… 이와 같은 것들이 주제를 뒷받침하는 제재 단어들이고, 이를 단서로 확대·연장한 메시지들이 구체적인 제재라고 할 수 있다.

여기에 황혼, 노인 같은 단어나 그와 관련된 메시지가 제재로 어울리지 않을 것은 당연하다. 각 제재들 사이에 통일성이 필요하다는 사실도 잊지 말자.

한편 자신이 의도한 주제를 제대로 구현하기 위해서는 주제에 관련된 참고자료를 찾아야 한다. 요즘은 필요한 자료를 인터넷에서 찾는 사람들이 많다. 하지만 인터넷에 떠도는 무수한 자료들 대개는 고급한 정보라기보다 누구나 알고 있는 수준의 것들이다. 보다 깊이 있는 제재를 마련하기 위해서는 도서관에 가서 참고문헌을 찾아야 한다. 심화된 제재를 찾기 위해 컴퓨터 앞에서 일어나 당장 도서관으로 가자. 거기에 우리의 상식과 시야를 뛰어 넘는 자료가 우리를 기다리고 있다.

"구슬이 서말이라도 꿰어야 보배"라는 속담이 있는데, 수집한 자료들은 아직 평범한 구슬들에 불과하다. 그것을 의미 있게 활용하기 위해서는 일정한 체계로 정리할 필요가 있다. 색깔별, 무늬별, 투명성 등의 기준으로 말이다. 그렇게 각각의 구슬들을 유사성과 목적에 따라 잘 분류하는 것이 자료의 정리이다. 평소 관심 있는 분야의 신문기사나 책의 문면을 복사해 스크랩해 놓는 것도 일종의 자료정리에 해당된다고 하겠다. 자, 이제 다양한 구슬들을 사용할 때가 되었다.

개요를 만들자,
개요는 글의 **뼈대**

제재가 정리되었다고 하더라도 글쓰기를 시작하기가 쉽지 않다. 제재들을 어떤 순서로 어떻게 서술하여야 할지 여전히 막연하기 때문이다. 이 문제를 해결하며 자신감을 가지기 위해 우리는 글쓰기에 앞서 개요를 짤 필요가 있다. 주제, 제재, 형식을 종합 고려하여 무엇을 어떻게 쓸 것인지를 고려하는 작업을 구상이라고 하는데, 개요는 그 구상의 구체 결과물이다. 즉 개요란 글 전체를 전제하고, 그 내용을 형성할 작은 제재들을 성격과 목적에 따라 중간 범주로 묶고 또 상호 관련에 따라 적절한 순서로 배치하는 작업이다.

다시 말해 개요를 작성하고 글을 쓰면 그 진행이 한결 수월해지며, 글에 균형과 조화가 이루어지고 체계와 논리가 선다. '우리 회사의 회식문화는 개선되어야 한다'는 주제로 삼단구성의 제안서를 쓰려 한다면 대략 다음과 같은 개요가 필요할 것이다.

주제문 : 우리 회사의 회식문화는 개선되어야 한다.
　Ⅰ. 서론 : 회식문화가 회사와 가정에 미치는 영향
　Ⅱ. 본론 : 사내 회식문화의 문제점
　　1) 상사 중심
　　2) 술자리 중심
　　3) 단합보다 갈등 발생
　　4) 2차, 3차, 긴 시간 소모
　Ⅲ. 결론 : 문제점과 개선 방안

　개요 없이 대충 쓰기 시작하는 경우와 대조되지 않는가? 개요를 참고하면 자신이 의도한 방향으로 글을 전개하기가 용이하다. 개요에 따라 자신의 생각과 준비한 자료를 활용해 서술하면 질서 있는 한 편의 글이 되는 것이다.

　하지만 개요가 잘 작성되었더라도 막상 써보면 뜻대로 글이 진행되지 않는 경우가 허다하다. 모든 것을 다 준비했는데도 왜 글이 잘 안 써지는 것일까? 우리는 지난 경험을 통해 이미 그 이유를 알고 있다. 글을 많이 써보지 않아 제재의 구체 서술에 요구되는 어휘력과 문장력이 부족하고 논리적인 문맥을 조성하며 필요한 부연을 보충하는 배려에 서투르기 때문이다. 자신에게 부족한 문제점들을 차근차근 개선해나갈 필요가 있다. 우리는 Ⅱ장에서 여러 실용 장르를 이해하면서 실제 쓰기를 시도할 것인데, 이 과정에서 문제점들을 투명하게 자각하고 공부하면, 많은 진전을 이룰 수 있을 것이다.

글은 단어 문장 단락의 연합체

한편의 글은 단어, 문장, 단락의 종합으로 구성된다. 적합한 단어가 정확한 문장을 구축하고, 정확한 문장들은 통합성 있는 단락을 생성하며, 이러한 단락들이 모여 글의 구조를 완성한다.

단어

단어는 작은 생각을 나타내는 낱낱의 말이자 문장의 일부이다. 실용문의 단어 사용에서 고려할 점은 단어의 지시적 의미이다. 자기소개서나 광고카피 등에서는 내포적 의미를 사용하는 예외가 있고 그 경우에는 그것이 바람직하지만, 실용 비즈니스 글쓰기에서는 단어를 대체로 지시적 의미로 사용해야 한다. 글 내용의 논리성, 정확성, 객관성은 단어의 지시적 의미에서 비롯되기 때문이다.

지시적 의미는 사전의 뜻풀이와 같이, 단어의 뜻이 사회적으로 공인되어 누구에게나 같은 뜻으로 이해되는 공적 의미이다. 내포적 의미는 글쓴이가 조성한 문맥, 혹은 읽는 사람이 어떤 연상 작용으로 조성되는 사적 의미로, 정서를 환기시키는 데 효과적이다. 기상예보 문장의 '이슬'과 시행(詩行)에 사용된 그녀의 눈에 맺힌 '이슬'이 그 사례들이다. 전자는 "공기가 식어 노점(露店) 아래로 내려갈 때, 공기 중의 수증기가 물체의 표면에 엉기어 생긴 작은 물방울"이라는 의미이고, 후자는 어떤 정서로 유발된 '눈물' 혹은 '아련한 슬픔'을 의미하는 것이다.

문장

문장은 하나의 생각이나 느낌이 나름의 완성된 메시지로 종결된 단어연합의 문면이다. 단어들은 문장 내부에서 성분(주어, 서술어, 목적어, 보어, 관형어, 부사어, 독립어)이 되는데, 이 성분들이 서로 호응을 이루면서 수식이나 연결 관계가 분명해야 정확한 문장이 된다. 비문은 그것들이 어긋나 메시지의 객관 정립과 전달에 실패하는 문장이다. 글의 내용이란 결국 문장들의 메시지들로 이루어진다. 무엇보다 정확한 문장을 써야 글의 목적을 달성할 수 있다. 정확한 문장의 비중을 고려하여「자기소개서」에서 발견된 여러 비문과 수정 사례를 제 II 장에 실었다. 꼭 참조하기 바란다.

단락

한 편의 글은 단락들로 구성된다. 단락은 글 전체 주제에 관련된 작은 주제를 표현하기 위해 여러 문장이 협력해 이룬 독립된 단위이다. 단락은 나름대로 완결된 의미를 지녀야 한다. 그렇게 하려면 반드시 그 주제를 서술한 중심문장과 중심문장을 부연·설명하는 보조문장들이 적절히 있어야 할 것이다. 다음 글을 두 단락으로 나누고 각각 그 짜임새를 살펴보며 단락의 의미를 이해해보자.

개요가 잘 작성되었더라도 막상 써보면 뜻대로 글이 나오지 않는 경우가 허다하다. 이는 일반인들뿐 아니라 일류 작가들도 늘 겪는 고통이다. 그러니 글이 잘 안 써져도 자신이 무능하다고 한탄할 필요는 절대 없다. 그렇다면 모든 것을 다 준비했음에도 왜 글이 안 써지는 것일까? 그에 대한 답을 우리는 지난날의 경험을 통해 이미 알고 있다. 우리가 실제 글쓰기를 어려워하는 가장 큰 이유는 글을 많이 써보지 않았기 때문이다. 그래서 많은 사람들은 글쓰기에 일종의 공포심을 지니고 있다. 그 공포심은 거듭 밝히지만, 일류 작가들에게서조차 나타나는 증상이니 미리부터 두려워할 필요는 없다.

고치면 고칠수록 좋은 글이 된다

집필 중에 글을 고치기도 하지만 다 쓴 후에도 여러 차례 고쳐야 글의 완성도가 높아진다. 처음 쓴 글, 즉 초고(草稿)를 고치는 행위를 퇴고(推敲)라 한다. 많은 이들이 어렵사리 한 편의 글을 끝내면 그것만으로 글이 완성되었다고 여긴다. 하지만 언제나 그것은 미완이다.

모든 일에 마무리가 있고 제품도 검증을 거쳐야 제대로 된 상품이 되는 것과 같이, 초고를 흠결 없는 글로 만들기 위해서는 후속 점검이 반드시 필요하다. 다듬는 공력을 들이면 들일수록 글이 더욱 좋아진다는 사실을 명심하자.

특히 숫자 하나에 따라 손익이 갈리는 회사 문서의 경우 더욱 세심한 주의를 요한다. 일반적으로 고쳐쓰기의 3원칙은 다음과 같다.

① 부가의 원칙 : 부족하거나 빠뜨린 내용을 보충하기
② 삭제의 원칙 : 필요 없거나 중복되는 부분을 제거하기
③ 재구성의 원칙 : 문맥과 논리의 전개를 보다 효율화하기 위해
　 문장이나 단락을 다시 배치하기

　뿐만 아니다. 글의 주제와 목적이 자신의 의도대로 또 명료하게 드러나고 있는지 다시 점검해보아야 하며, 특히 주어와 서술어가 호응되고 있는지를 살피며 비문을 바로 잡고, 문장과 문장이 조성하는 문맥이 자연스러운지, 단락들에 자족성과 통일성이 있는지, 단락과 단락이 잘 접속되고 있는지, 적합한 단어가 사용되고 있는지, 철자표기, 띄어쓰기, 문장부호가 정확한지 꼼꼼하게 따져볼 필요가 있다.

문장이 정확해야 글이 산다

내 문장을
다시 보자

비문(非文)의 파문

고대 이래 현대에 이르기까지 동서양을 막론하고 글쓰기는 모든 분야의 교과과정(敎科課程)에서 필수이다. 글쓰기는 인간이 인간으로서 인간답게 살아가기 위해 갖추어야 할 기본 능력일 뿐만 아니라 전공 공부와 그 표출, 그리고 여러 사회생활과 직업의 직무수행에서 언제나 기본수단이 되기 때문이다.

너무나 새삼스럽지만 모든 글은 문장과 문장으로 이루어진다. 문장이 정확하지 않으면 그 어떤 주제와 정보를 다룬다고 할지라도 그 전달과 설득에서 불리해지며 외면 받을 수도 있다. 게다가 문장과 글은 그 필자의 사고능력과 동일시되고 있어 비문이 겹치면 필자의 인격 평가에까지 연결되면서 불리한 영향을 초래할 수 있다. 효율을 따지는 실용문 분야에서는 더욱 그러하다.

문장은 여러 부분으로 조직된 전체

글은 말과 달리, 관련 대상, 표정, 시선, 몸짓 등이 생략된 채 오직 문장에만 의지한다. 문장으로 모든 것을 지시하고 표현해야 하는데, 무엇보다 요구되는 것이 다시 말해 문장 자체의 정확성인 것이다. 장르에 따라 글 전체를 일관하는 주제와 전개를 조직화하는 서술체계가 있어야 하지만 이는 문법과 관례를 준수한 정확한 문장들의 상호 관계로서만 가능하다.

문장은 글의 일부이면서 나름대로 여러 낱말들로 조직된 하나의 전체이다. 전체란 부분들이 다른 부분과 관계를 맺어 자신의 역할을 갖게 되고 또 다른 부분으로 하여금 역할하도록 하여, 자족성과 의의를 구축하면서 독자(獨自)기능을 발휘하는 유기체이다. 모든 문장은 그 자체로 완결되어야, 정확하고 독립된 메시지를 구현할 수 있다.

앞에서도 강조하였듯이 문장은 하나의 의미가 정립된 서술(敍述)이어야 하며 그러려면 의사 표현에 요구되는 성분들(주어, 서술어, 목적어, 보어, 관형어, 부사어, 독립어)이 필요에 따라 배합되어 상부상조(相扶相助)하는 질서가 형성되어야 한다. 특히 주어와 서술어, 목적어와 서술어, 수식어들인 관형어, 부사어와 피수식어들인 주어, 목적어, 서술어, 보어가 자연스럽고도 긴밀하게 호응하여야 알력(軋轢)과 모순 없는 단일 통일체가 되어 의사 전달에서 객관성을 확보한다. 또 문장 성분의 호응에는 특정 낱말끼리의 연쇄도 포함된다.

내 문장을 정확하게

그런데 내 문장과 주변의 문장이 다 그러한가. 맞춤법과 띄어쓰기 위반을 비롯하여 틀리거나 부적절한 낱말이 있는 가운데 문법과 관례를 위반한 비문(非文)이 많다. 그 뜻을 이해하기 위해 필요 이상의 노력을 해야 하는 문장이 있는가 하면, 아무리 애를 써도 정확한 뜻 파악을 포기해야 하는 문장도 있다.

오늘 우리 대학생들은 중·고등학교 재학시절에 암기 위주 국어 교육을 받았고 대학에 진학하여서는 전공에 치중하느라 대체로 구문(構文)과 서술(敍述)이 불안정하며 각종 오류가 발견되고 있다. 문장을 정확하게 쓰지 못하면 자신의 생각을 남에게 전달하기 어렵다. 이러한 소통 장애는 예상 이상으로 삶의 여러 활동을 크게 제약한다는 사실을, 그리고 정확한 문장 작성은 장래 그 어떤 영역에서 일하든 누구나 갖추어야할 기본 능력이라는 사실을 다시 한 번 자각하기를 촉구한다.

이상의 문제점을 전제로 취업 전형에서 크게 주목되는 「자기소개서」에 나타난 각종 오류 문장들을 예문(例文)으로 삼아, 원인을 분석하고 대책을 제시하면서 정확한 문장 작성을 위해 참조해볼 주의사항과 규범을 점검하려 한다.

시제(時制)의 오류

   시제는 발화시(發話時)를 기준으로 기술되는 사건시(事件時)의 과거 현재 미래를 나타내기에 사정에 따라 적합한 운용이 되도록 고려하여야 한다. 국어의 시제는 영어처럼 동사 자체의 변화로 규정되지 않고 서술어가 과거일 경우 선어말어미 '었'을, 미래일 경우 선어말어미 '겠' 등의 조력을 받기도 하며, 시간명사와 시간부사의 조력을 받아 특정시제를 나타내기도 한다. 이러한 기본 운용에서는 별반 오류가 발생하지 않았다.

  1. 어릴 적부터 농촌에서 자라서인지 근면과 성실은 저의 생활의 근본
     이었습니다.

시제 운용에서 자주 발견되는 오류는, 과거 사실이라 할지라도 현재 상태에 지속될 경우 현재시제로 나타내야 한다는 원칙을 어기는 현상이다. 예문 1에서 '근면과 성실'을 '근본이었습니다'라고 과거시제로 표현하여, 과거에 국한(局限)되는 미덕으로 제한되어 있으며 현재는 그렇지 않고 다른 어떤 무엇으로 변경되었다는 뜻도 포함되어 있다. 근면과 성실이 과거의 미덕이라면 정확한 문장이다. 하지만 근면과 성실을 거론한 취지는 지난 날 성장 환경과 미덕을 회고하는 것이 아니라, 입사를 희망하는 현재의 생활 태도가 근면과 성실이며, 이 미덕의 유래가 과거 농촌생활 체험이었다는 것이다. 과거에 획득한 어떤 것이라도 현재에 연장되고 있다면, 서술어의 시제를 현재로 하여야 한다. '근본이었습니다'를 '근본입니다'로 고쳐야 한다.

2. 진취적이며 정열과 패기가 넘치는 젊음의 캠퍼스에서 배운 전문 지식을 바탕으로 저의 가능성과 능력을 최대한 발휘할 수 있는 곳에서 자유롭게 일하고 싶은 것이 평소 저의 소망이었습니다.

3. 이런 이유에서인지 몰라도 항상 화목을 강조하신 부모님의 1남1녀 중 장남으로 저는 태어났습니다.

예문 2와 3도 예문 1과 같은 문제점이 있는 오류이다. 예문 2의 '소망이었습니다'는 '소망입니다'로, 예문 3의 '강조하신'은 '강조하시는'으로 고쳐 현재화하여야 한다. 예문 3에서 만약 발화시 이전에 부모님이 돌아가셨다면 올바른 문장이다. 하지만 후술되는 내용에서 부모님이 생존하고 있다.

이와는 반대되는 오류도 있다. 과거 사건시의 상태가 현재 발화시에 연장되지 않아야 하는 데도 현재화하여 연장한 사례이다.

4. 때때로 안일해지는 제 모습을 발견할 때는 대학 입학 때의 결의를 되새기며 자신을 채찍질합니다.

5. '후회하지 말자'는 주관적인 가치관을 항상 되뇌며 순간순간마다 후회하지 않기 위해 노력하고 있습니다.

예문 4는 현재 시제가 적용된 '채찍질합니다'로 하여 '채찍질'이 취업을 요망하는 현재에까지 연장되어 어색해진 사례이다. '채찍질'이 지난 재학시절에 거듭되었던 면학 자세 정립에만 국한되도록, 즉 과거 사실로 제한되도록, '채찍질합니다'를 '채찍질하였습니다'로 고쳐야 한다.

예문 5도 예문 4와 문제점이 같다. '노력하고 있습니다'를 '노력하였습니다'로 고쳐야 하겠다.

주술(主述) 불일치와
무리한 주어 생략

　문장 성분의 호응에서 주어와 서술어의 관계가 가장 비중도 크고 부각도 잘 된다. 그런데도 가장 잘 틀리기가 쉽다. 이른바 비문 3대오류 중 하나이다. 주어는 해당 문장의 주체를 표현하며, 서술어는 그 주체의 행위, 상태, 정체성을 표현한다. 따라서 주어와 서술어는 반드시 의미 상 호응관계를 이루어야 한다. 주체와, 그 행위 · 상태 · 정체성이 서로 다르다면 그 문장은 영락없이 비문이며 메시지는 난조에 빠진다.

　나아가 주어를 생략하는 오류가 잦다. 아무리 서술어가 자기 정보를 잘 표현하였다고 하더라도 그 주체가 생략된다면 쓸모없는 불구의 정보가 된다. 다시 말해 주어는 서술어 정보의 주체이기에 어떤 문장에서도 결여되어서는 안 되는 필수 성분이다. 생략된다면 대체 이 행위가 누구의 행위인지, 이 상태가 누구의 상태인지, 이 정체성이 누구의 정체성인지 독자가 쉽게 알 수 없다. 그런데도 우리 문장에서는 주어가 생략되는 폐단이 적지 않다.

주어를 생략할 수도 있다. 논란이 있을 수 있겠으나 첫째, 앞 문장의 주어와 뒤 문장의 주어가 같다면, 뒤 문장의 주어를 생략할 수 있다. 생략하여도 문맥에 의거하여 생략된 주어를 독자가 상기할 수 있기 때문이다. 둘째, 접속복문에서 절들의 주어가 같다면 한 절에서만 주어를 설정하고 나머지 절에서는 생략이 가능하다. 이들은 모두 동일한 주어의 반복을 회피하는 합리적인 언어경제라고 할 수 있다. 셋째, 동일한 정황과 국면이라서 독자의 주어 상기가 가능하거나, 대화 문장에서 화자가 누군지 알려져 있거나 하면 주어 생략이 가능하다. 또 이러한 사정에 관련하여 주어뿐만 아니라 서술어 목적어 보어 등 다른 근간 성분마저 생략될 수가 있는데 정확한 문장쓰기와는 다른 차원에서 별도로 논의될 필요가 있다.

학습기에서는 생략 가능한 사정들을 고려하지 말고 반복되더라도 주어를 설정하는 것이 바람직하다. 비문이 되는 것보다는 낫다.

주어와 서술어가 일치하지 않으며 또 주어가 무리하게 생략된 오류가 한꺼번에 일어난 사례를 보자.

6. 그 동안에 교육과정도 많이 개편되어, 2학년은 실기위주로 편성되어서, 조금만 노력하면, 자기의 시간을 가질 수 있었습니다.

모두 4개 절로 이루어진 복문이다. 첫째 절 '그 동안에 교육과정도 많이 개편되어'는 무난하다. 주어는 '교육과정도'이며, 서술어는 '개편되어'이다. 주어에서 '도'는 강조 조사이면서 주격 조사 '이'를 대행한다.

둘째 절 '2학년은 실기위주로 편성되어서'에서 주어 '2학년은'과 서술어 '편성되어서'는 서로 호응되지 않는다. 그 자체만 살피면 호응되고 있다고 할 수 있지만 서술어 '편성되어서'를 수식하는 그 앞 부사어 '실기위주로'를 더불어 고려하면, 주어 '2학년은'과 서술어구 '실기 위주로 편성되어서'는 서로 호응되지 않는 것이다. 즉, '2학년은' 실기 위주로 편성될 수 없다. 실기 위주로 편성될 수 있는 것은 '2학년의 교육과정'이다. 따라서 둘째 절은 비문이며, 주어 '2학년은'을 '2학년의 교육과정'으로 바꾸어야 한다. '2학년의 교육과정은 실기 위주로 편성되어서'. 이럴 경우, 앞 절의 메시지와도 잘 연결된다.

셋째 절 '조금만 노력하면'에서 서술어 '노력하면'에 호응해야 할 주어가 생략되어 있다. 생략이 가능하려면 '노력하면'의 주어가 앞 절의 주어와 같이 '2학년의 교육과정'이어야 하는데, 그렇지 않다. '2학년의 교육과정'이 노력할 수 없는 것이다. 따라서 어느 쪽으로 보든 비문이다. '조금만' 앞에 서술어 '노력하면'에 알맞은 주어 '2학년생은'을 삽입해야 주술호응이 이루어지는 정확한 절이 된다.

넷째 절 '자기의 시간을 가질 수 있었습니다'에서도 주어가 생략되어 있다. 미리 말해 이 절은 주어가 생략된 상태에서, 크게 목적어와 절서술어로 구성되어 있다. 먼저 '자기의 시간을'에서 '시간을'은 이 절의 목적어이고, '자기의'는 '시간을'을 수식하는 그 관형어이다. '가질 수 있었습니다'는 이 절의 절서술어이다. '수'는 이 절서술어의 주어이며(주격 조사 '가'가 관행에 따라 생략되어 있다), '가질'은 '수'를 수식하는 그 관형어이다. '있었습니다'는 절서술어의 서술어이다. 다시 말해 넷째 절의 서술어는 절서술어 '가질 수 있었습니다'이며, 이와 호응하여야 할 그 주어가 생략되어 있는 상태인 것이다. 생략된 주어는 문맥으로 보아 '2학년생은'이다. 앞에서 검토란 대로 셋째 절에서 생략된 주어 '2학년생은'을 설정한다면, 넷째 절의 주어는 그것과 같기 때문에 생략이 가능하다.

생략된 주어와
서술어의 불일치

주어를 무리 없이 생략하였다고 하더라도, 생략한 주어가 서술어와 잘 호응하고 있는지 다시 점검해보아야 한다. 주어를 생략하여도 서술어와 호응하고 있어야 문장의 메시지가 정립되기 때문이다. 즉 주어는 없으면서도 있는 것이다. 주어를 생략하면 생략한 주어와 서술어의 호응 배려에 실패하기 쉽다.

7. 중학교 때에는 4-H부서였는데, 학교 내의 잡초 뽑는 일부터 시작해, 휴지 줍기·청소하기·화분 가꾸기 등의 활동을 하면서, 봉사심과 협동심·애교심을 배우게 되었습니다.

8. 제가 만약 귀사의 일원이 된다면, 성실을 최대의 무기로 여기며, 매사에 최선을 다할 각오입니다.

예문 7에서 네 절 모두 주어가 생략되어 있다. 생략된 주어는 그 메시지로 보아 모두 '저는'인데, 거듭 말해 이 문장 앞 문장의 주어가 '저는'이라면 그 생략이 모두 가능하고 그렇지 않다고 한다면 부당하게 주어를 생략한 비문이다.

예문 7에서 정작 문제되는 것은, 주어 생략이 가능하다고 하여도 서술어와의 호응 관계가 유지되어야 한다는 원칙을 어긴 것이다. 첫째 절에서, 생략된 주어 '저는'과 서술어 '4-H부서였는데'가 호응되지 않고 있다. 한 개인이 '4-H부서'가 될 수 없다. '4-H부서였는데'를 생략된 주어 '저는'에 어울리도록 '4-H부서의 회원이었는데'로 고쳐야 한다. 첫째 절에 주어 '저는'을 설정한다면 나머지 절들에서 주어를 생략해도 좋다. 참고로, '4-H부서의 회원이었는데'에서 '회원이었는데'가 생략된 주어 '저는'과 어울리는 서술어이며, '4-H부서의'는 '회원이었는데'의 '회원'을 수식하는 관형어이다.

예문 8에서 둘째 절 '성실을 최대의 무기로 여기며'에서 주어가 생략되어 있다. 생략된 주어는 '저는'이고, 첫째 절의 주어 '제가'와 같은 인물을 지칭하기에 가능한 생략이며, 서술어 '여기며'와의 호응에 문제없다. 셋째 절, '매사에 최선을 다할 각오입니다'는 비문이다. 이 절에서 생략된 주어는 '저는'인데 서술어 '각오입니다'와 호응되지 않는다. 각오는 정신의 각성 상태로, 한 인격 전체와 대등할 수 없다. 따라서 생략된 주어 '저는'에 어울리도록, '각오입니다'를 '(각오를) 가지겠습니다'로 고치거나, '다 하겠습니다'로 고쳐야 한다.

9. 젊은 기업이라는 귀사의 사훈은 평소에도 제가 원하는 기업인의 상이었습니다.

앞 예문들에서 주어가 단일 낱말로 간단하였고 또 인칭이어서 식별하기가 어렵지 않았다. 하지만 구와 절 등으로 된 관형어의 수식을 받는 주어가 많고 이런 사정에서도 주술불일치 문장이 속출하고 있다. 예문 9의 경우는 그래도 수식이 길지 않은 편이다.

이 문장에서 주어는 '사훈은'이다. 그 앞 '젊은 기업이라는 귀사의'는 그 수식들인데, '젊은 기업이라는'과 '귀사의'로 나뉜다. '젊은 기업이라는'은 동사구 인용 관형어이며, '귀사의'는 이와 별도인 관형어이다. 이 수식어들은 이 문장의 주어가 '사훈은'이라는 사실을 쉽게 파악하기 어렵게 한다. 이 문장에서 서술어는 '상(像)이었습니다'인데, 이 서술어도 그 앞에 수식들이 있다. '평소에도 제가 원하는 기업인의'인데, '평소에도 제가 원하는'과 '기업인의'로 나뉘며, 전자는 원래 문면이 문장이며 서술어 '원한다'의 종지형 어미 '다'가 관형격 어미 '는'으로 바뀌어 삽입된 절 관형어로 '기업인의'의 '기업인'을 수식하고 있다. '기업인'은 다시 관형격 조사 '의'를 부착하여 관형어가 되어 이 문장의 서술어 '상(像)이었습니다'의 '상'을 수식하고 있다. 이러한 수식구조에도 기인하여서인지, 이 문장의 주어 '사훈은'과 서술어 '상이었습니다'가 호응되지 않고 있다. '… 사훈은 … 상(像)이었습니다'? 따라서 '(기업인의) 상이었습니다'를 '사훈'에 어울리게 '기업정신이었습니다'로 바꿔야 한다. '… 사훈은 … 기업정신이었습니다.' 또는 주어 '사훈은'을 '면모는'으로 바꾸고, '(기업인의) 상이었습니다'를 '기업상(企業像)이었습니다'로 바꾸어야 한다.

수식어와 피수식어의 관계 오류

수식어의 잘못된 위치

수식어를 피수식어 바로 앞에 설정해야 수식 피수식의 관계가 명료해진다. 그렇게 하지 않을 경우 의도대로 되지 않을 뿐더러 엉뚱한 오독(誤讀)이 발생한다.

> 10. 또한 처음으로 집을 떠나 기숙사 생활을 함으로 해서 가족의 소중함과 성인으로서의 독립심을 깨우칠 수 있었습니다.

'처음으로'가 그 위치 때문에 '(집을) 떠나'를 수식하는 것으로 읽힌다. 하지만 대학생 시절에서야 처음으로 집을 떠났다는 것은 아무래도 어색하다. '처음으로'가 수식하는 부분은 '(집을) 떠나'가 아니라, '기숙사 생활을 함으로 해서'이다. '처음으로'의 위치를 잘 못 설정한 것이다.

따라서 '처음으로'를 '기숙사 생활을 함으로 해서' 바로 앞으로 옮겨야 바른 설정이 되며, 필자가 의도한 수식 피수식의 관계가 분명해진다. 이처럼 수식어를 피수식어 바로 앞에 두는 것이 정문(正文)쓰기의 한 규범이다. 그런데도 우리 주변에서 파격이 너무 잦게 나타나고 있다.

수식어와 피수식어의 불일치

수식어와 피수식어는 위치 문제뿐만 아니라 의미론 상 정확하게 호응하여야 한다. 다음 예문은 부사어를 안이하게 개재(介在)시켰다가 급기야 의미의 혼란과 모호를 야기한 문장이다.

> 11. 평소 부모님과 선생님들의 사랑만 받아온 제가 이제는 그 큰 사랑을 다시금 누구에겐가 주어야 한다고 막연히 생각합니다.

받기만 해온 사랑을 이제는 남에게 주어야겠다는 필자의 각성(覺醒)이 뚜렷한데, 그 각성의 생각을 '막연히'로 수식하고 있어, 생각의 상태에 혼란이 발생하고 있다. 분명하게 생각하면서도 막연하게 생각한다고 하는 건 모순이다.

또, '다시금'이 '주어야 한다'를 수식하고 있는데, 그렇다면 이미 벌써 한 차례 사랑을 베푼 것을 전제로 재차(再次) 시도한다는 뜻이 되어, 앞 '이제는'에서 최초로 표명된 사랑 베풀기의 각성과 충돌한다.

'막연히'와 '다시금'을 피수식어와 어울리는 낱말로 바꾸든가 아니면 삭제하여야 정연(整然)한 뜻의 문장이 된다.

12. 소프트웨어 개발업체 중에서 최고의 권위를 누리고 있는 귀사에
    서 일하게 된다면 저는 회사의 발전에 일익을 담당할 수 있는 주
    역이 되도록 매사에 최선을 다할 것입니다.

  피수식어 '주역'은 그 수식어 '일익을 담당할 수 있는'과 어울리지
않는다. 주역(主役)은 전체를 총괄하는 주도자이고, 일익(一翼) 담당은
그 한 분야에의 기여이다. 양자의 범위와 성격이 맞지 않는 오류가 발
생한 것이다. '주역'을 '일꾼' 같은 낱말로 바꾸거나, '일익을 담당할 수
있는 주역이 되도록'에서 '주역'을 빼면서 '일익을 담당할 수 있도록'으
로 바꾸어야 하겠다.

동격(同格)의
불일치

    문장 내부에서 필자의 의도로 보아 상호 대등한 의미를 갖는 부분들이 있다. 그렇다면 당연히 의도대로 부분들은 그 의미가 반드시 일치하여야 한다. 즉 동격 표현은 문장의 앞부분에서 제시한 사태나 사물을 뒤에서 그 다른 면모나 이름을 부가하거나 규정하여, 문장의 구조와 의미를 충실히 정립하는 일종의 재귀(再歸) 보충 수법이다. 이 경우 틀린 부가나 규정이 시도되어 마찰이 발생하지 않는지를 주의해야 한다.

   13. "매일 오늘이 너의 최초의 날이라고 생각하라 매일 오늘이 너의
       최후의 날이라고 생각하라"는 탈무드의 일 구절을 저는 매일 아
       침 되새기며 하루를 시작합니다.

'일 구절'을 '두 문장'으로 고쳐야 한다. 인용된 탈무드의 잠언은 일 구절이 아니라 두 문장이 아닌가. 두 문장을 일 구절이라 한, 이러한 단순하면서도 심각한 실수는 의외로 잦게 발생한다. 지원자는 억울하겠지만 인사담당자는 필자의 기본 교양을 의심할 것이다. 아래 예문들도 같은 사례이다.

14. 지난 일을 "후회하지 말자"는 주관적 가치관을 항상 되내며 순간 순간 마다 후회하지 않기 위해 노력하고 있습니다.

예문 14에서는 '주관적 가치관'의 '주관적'이 문제다. "후회하지 말자"라는 가치관은 널리 알려져 있고 또 객관성이 인정되는 가치관이니만큼, 이에 상응되는 낱말로 고치거나 삭제하여야 한다. 인사담당자는 지원자가 '주관적'이란 낱말의 뜻을 모른다고 판단할 것인데, 이 판단이 여기서만 끝나면 다행이겠다.

특정 낱말의
관용 표현 이탈

어느 언어에도 특정 낱말들끼리 일정하게 어울리는 관용(慣用) 표현
이 있다. 이는 언어 공동체가 오랜 세월에 걸쳐 형성한 관례요 규약이
다. 따라서 그것들을 준수하지 않으면 일종의 약속 위반이 되어 표현과
전달체계에서 이탈된다. 관용 표현은 해당 언어문화의 소중한 일부이
기도 하다.

15. 일찍이 저희 가정은 가내 수공업 형태의 공장을 운영해왔습니다.

'일찍이'는 '~한 적이 있었습니다'와 더불어 쓰이면서 현재 상태와는
구별되는 과거의 사실을 환기하거나 지시한다. 그런데 예문 15는 '일찍
이'를 내세웠으면서도 '(공장을) 운영해왔습니다'라고 하여, 공장 운영
사실이 과거에 국한되지 않고 현재에까지 연장된 비문이 되었다. '운영

해왔습니다'를 '운영한 적이 있었습니다'로 고쳐야 하겠다. 만약 현재에도 공장을 운영하고 있다는 점을 기술하려는 의도로 쓴 문장이라 한다면, '일찍이'를 '일찍부터'로 고치거나 삭제하여야 옳은 문장이 된다.

16. 중학교를 졸업한 이후 저는 평소 공장을 운영하던 가정환경에 의해 기계와 비교적 친숙해 있던 탓으로 ○○기계공업고등학교에 입학하게 되었습니다.

'탓'은 부정적인 결과를 야기하는 원인이나 이유에 해당되는 선행(先行) 사실에만 쓰인다. 여기서는 기계공업고등학교 입학이라는 결과는 부정적인 사태가 아니라 바람직스러운 귀결(歸結)이니만큼 '탓'이 잘못 쓰였다. '친숙해 있던 탓으로'를 '친숙해 있었기에'나 '친숙해 있었기 때문에', 혹은 '친숙해져 있어서' 등으로 고쳐야 한다.

17. 남들보다 2년 늦게 시작한 대학생활이었지만 빠르게 적응할 수 있었으며 열심히 노력하여 장학생으로 생활하였습니다.

'~할 수 있(었, 을 것이)다'는 그 앞에 그 가능의 근거가 제시되어 서로 호응되어야 바른 용례가 된다. 예문 17은 그 위약(違約)의 사례이다. '대학생활이었지만' 뒤에 '분발을 거듭하여'나 '기민하게 활동하여' 등, 대학생활에 빠르게 적응할 수 있었던 근거를 삽입하여야 한다.

조사(助辭)의
오류

    조사는 문장 성분의 문법상 성격과 기능을 밝혀주면서 의미 구축과 원활한 정합에 기여한다. 그러기에 오용된다면 통사구조가 교란되어 여지없이 비문이 된다. 널리 알려진 악명 높은 사례가 있다. 모 TV방송국의 시사프로그램의 이름인 '「그것이 알고 싶다」'가 그것이다. 주어 '우리는'이 생략된 이 문장에서 '그것'은 '알고 싶다'의 목적어이므로 목적격 조사 '을'을 써야지 주격조사 '이'를 쓸 수 없다. 바른 문장은 '「(우리는) 그것을 알고 싶다」'이다.

    또 가장 기초사항인데도 오용이 잦아 크게 우려되는 현상이 있으니 바로 '의'와 '에'를 혼용하는 사례이다. 예문 13에서도 '탈무드의'가 원문에서는 '~탈무드에'로 되어 있었다. 예문 12로 돌아가 '탈무드의'를 '탈무드에'로 바꿔놓고 읽어본 다음, 문제점을 음미해보기 바란다. 그리고 거의 동일한 차원에서 주의하여야 할 조사의 남용 현상이

있다. 조사 운용은 문법 질서의 핵심이다. 완벽한 구사가 조건 없이
요구된다.

조사 오용

18. 고등학교 3학년 시절에는 ○○주화라는 기업체에서 현장실습을
     나갔습니다.

예문 18에서 문제되는 오류는 '기업체에서'의 '에서'이다. '에서' 때
문에 문장의 의미가 이상하게 되어 버렸다. ○○주화에서 다른 어떤
곳으로 현장실습을 나갔다는 뜻이 되어버린 것이다. 지원자의 의도는
학교에서 ○○주화로 현장실습을 나갔다는 사실을 적시(摘示)하려 했
던 것이 분명하다. 따라서 '에서'를 '로'나 '에'로 고쳐야 한다. '에서'를
그대로 두고 싶다면 '(현장실습을) 나갔습니다'를 '(현장실습을) 하였
습니다'로 고쳐야 할 것이다. 참고로 '에서'는 장소뿐만 아니라 그곳에
서 이루어진 행위까지 지배범위에 넣으며 또 호응되어야 자연스럽다.
이에 비해 '에'는 단지 그 장소를 환기한다.

19. 진학 결심은 몇 년간의 피부로 느낀 사회생활에서 시작되었고,
     뒤늦게나마 대학에 입학하는 새 출발의 기쁨도 가질 수 있었습니다.

조사 '도'는 특정 사물이나 사실을 강조하거나, 대등한 사물이나 사
실을 열거할 때 쓰인다. 이 문장의 '기쁨도'에서 조사 '도'가 전자의 취

지에서 사용되었다면 용도 오류라고 할 수 없으나, 후자라면 잘못 사용된 사례이며 그렇게 추정된다. '기쁨도' 앞뒤에 '보람도' 등을 삽입하거나, 아니면 '기쁨도'의 '도'를 '을'로 고치면 좋겠다.

> 20. 근면과 성실을 가훈으로 화목한 집안의 1남2녀 중 장녀로 태어나, 수려한 칠갑산의 맑은 공기와 인정이 넘치는 충남 청양에서 꿈 많은 유년 시절을 보냈습니다.

'근면과 성실을 가훈으로'가 '태어나'를 수식하고 있어 비문이다. '근면과 성실'이 가훈에 연결되면서 '집안'을 수식하는 말의 일부여야 맥락이 소통될 문장이다. 현재 문면으로는 조사 '을' '으로' 때문에 가능하지 않다. '근면과 성실을'에서 '을'을 '이'로 바꾸고, '가훈으로'에서 '으로'를 '인'으로 바꾸어야 한다. 즉 '근면과 성실이 가훈인 화목한 집안'으로 고쳐져야 한다.

'근면과 성실을 가훈으로'를 그대로 살리면서도 '집안'을 수식할 수 있게 하려면, 그 뒤에 수식격 서술어 '하는'을 보충하면 된다. 주어 '저는'이 두 절에서 모두 생략되어 있다.

조사 남용(濫用)

> 21. 농악, 풍물의 남사당놀이로 유명하고, 포도, 배, 유기 등의 특산물이 많이 생산되는 안성맞춤의 고장에서 저는 항상 예의범절을 강조하시는 할머님과 엄격하고 자상하신 부모님 슬하에서 1남3녀 중 둘째로 태어나 현재까지 생활하고 있습니다.

22. 참 아이러니컬하게도 우리나라 최초의 여자 대통령이 되겠다던 당차고 극성이던 저의 지금의 꿈은 현모양처입니다.

조사 남용 가운데 가장 두드러지는 사례가 '의' 남발(濫發) 현상이다. 20세기 전반은 일본어의 'の'로부터, 후반은 영어의 'of'로부터 영향을 받아, 그 용법이 다양해진 듯하다. '의'는 그 용례와 기능이 크게 나누어도 12가지나 된다. 국어의 표현방식을 넓힌 순기능이 인정되지만 역기능 또한 만만치 않다. 역기능 쪽으로 '나의 살던 고향은 꽃 피는 산골이다', '학생의 할 일이다', '새날의 밝을 때를 기다려 일을 시작하자' 등 사례가 있는데, 일본어문의 직역 문장이며, 우리 국어 언중이 현재 이런 양태의 문장을 말하고 쓰고 있고, 국어사전에 오류 사례로도 실려 있다. 이 문장들을 비문이라고 단정할 수 없지만 우리 문법에 없는 아주 어색한 악문(惡文)이다. '나의', '학생의', '새날의'를, '내가', '학생이', '새날이'로 고쳐야 우리 문장다워진다.

예문 21과 22의 '의' 용법들은 모두 문법에 어긋나지 않으며 위 사례와는 사정이 다르다. 하지만 '의' 남발 사례로 주목할 만하다. 두 문장에서 각각 '의'가 3차례나 사용되고 있는데, 오직 1차례씩만 인정될 뿐이다. 예문 21에서는 '안성맞춤의'의 '의', 예문 22에서는 '저의'의 '의'는 적합한 용례들이다. 나머지들은 모두 필요 없다. 오히려 의미의 소통을 경화(硬化)하고 있다. 그것들에서 '의'를 삭제해보라. 문장의 의미가 순통하며 우리 문장다워진다.

접속(接續)의
오류

접속부사는 문장들의 의미 맥락을 연결하는 기능을 가진 낱말이다. '그리고', '그리하여', '그런데', '그러나', '그렇기에', '따라서', '하지만', '또', '역시' 등이 있는데, 접속되는 문장들의 의미 맥락의 상호 관계가 순접(順接)이나 역접(逆接)이냐에 따라, 또 같은 순접이나 역접이라 하더라도 개개의 미묘한 기능의 편차에 따라, 적절히 선택하여야 한다. 잘못 선택하면 의미 맥락을 교란하여 비문이 되거나 어색한 문장이 된다. 또 문장의 의미 맥락이 접속 관계를 스스로 잘 함축하고 있는데도 굳이 사용하면 쓸데없는 사족이 된다.

23. 평소 부모님과 선생님들의 사랑만 받아온 제가 이제는 그 큰사랑을 누구에겐가 주어야 한다고 생각합니다. 그리고는 평소 사회봉사에 남달리 앞장 선 귀 병원에 주저없이 지원서를 제출하게 되었습니다.

두 문장을 이어줄 접속부사가 필요한지 아닌지 의견이 나뉠 수 있겠지만, '그리고는'이 잘못 선택되었거나 적어도 어색하다는 데는 의견이 일치할 것이다. 앞 문장과 뒤 문장의 메시지는 동기와 행위의 관계이며 서로 비중도 다른데도, '그리고는'을 설정하여 두 문장의 메시지가 대등한 관계로 병렬(並列)되어 문맥이 생경해지고 만 것이다. '그리고는'을 '그리하여'나 '그래서'로 고쳐야 한다.

지속(持續)의
오류

　지속의 오류는 접속조사 '와', '과' 등이 사용되는 문면에서 자주 발생한다. 조금만 주의를 소홀히 하여도, 접속조사로 연결된 관념이나 사물의 성격이나 상태가 다른 경우에도 한 쪽에만 지속이 해당되는 서술이 이루어지기 쉽다.

　예문 22의 원문 앞머리를 검토과정에서 고친 부분을 빼고 본래대로 되돌려 놓으면, '농악, 풍물, 남사당놀이와 포도, 배, 유기 등 특산물이 많이 생산되는 안성맞춤의 고장'이다. 이럴 경우 '농악, 풍물 남사당놀이'는 '와'로 해서 뒤의 '포도, 배, 유기 등 특산물'과 더불어 '생산되는'에 지속된다. '포도, 배, 유기 등 특산물'은 생산되지만 '농악, 풍물 남사당놀이'는 생산이 아니라 재연(再演)되기에 비문이다. '생산되는'에 '농악, 풍물 남사당놀이'가 지속되지 않도록 '농악, 풍물 남사당놀이와'에서 접속조사 '와'를 없애고, '로 유명하고' 등, 부사격 조사와 접속어미 서술어로 바꾸면 독립된 절이 되어, 뒤의 '포도, 배, 유기 등 특산물이 많이 생산되는'과의 지속이 해체된다. '농악, 풍물, 남사당놀이로 유명하고, 포도, 배, 유기 등 특산물이 많이 생산되는 안성맞춤의 고장.'

24. 저의 입사 지원 동기는 귀사가 세계적인 기업으로 만들려는 기업정신과 첨단산업의 기수이며 역군이라는 데 있습니다.

'저의'는 관형어, 주어는 '입사 지원 동기는', 서술어는 '있습니다'이며 문제없고, 그 가운데 있는 '귀사가 세계적인 기업으로 만들려는 기업정신과 첨단산업의 기수이며 역군이라는 데'라는 부사어의 구조에 오류가 발생하였다.

'기업정신'과 '첨단산업'은 접속조사 '과'로 대등하게 연결된 다음 둘 다 관형격 조사 '의'의 도움을 받아 '기수'와 '역군'에 미치고 있다. 즉 '기업정신의 기수이며 역군'과 '첨단산업의 기수이며 역군'을 하나로 묶어 '기업정신과 첨단산업의 기수이며 역군'이라 한 것이다. 그러나 '첨단산업의 기수이며 역군'은 그 의미가 성립되지만, '기업정신의 기수이며 역군'은 그 의미가 성립하기 어렵다. 게다가 '기업정신'은 바로 앞에 있는 '세계적인 기업으로 만들려는'이란 수식을 받으면서 나름대로 그 일단락되어 있다. '과'는 이런 오류를 발생시킬 뿐만 아니라 '세계적인 기업으로 만들려는'이란 수식이 '기업정신'뿐만 아니라 '첨단산업'까지 수식하게 하여 수용하기 어려운 어색한 뜻을 자아내는 오류도 발생하게 한다.

예문 24가 바른 문장이 되려면 그러한 억지 지속이 해체되어야 한다. '과'를 삭제하고 그 자리에 '을 가졌으며'나 '을 가진'을 보충해 보자.

피동 표현의
오류

피동 표현은 거리 조정의 일부이다. 거리 조정에는 필자와 글, 필자와 독자, 글과 독자 세 영역이 있으나, 여기서는 필자와 글의 관계, 다시 말해 필자가 체험을 진술할 때 조정해야 할 체험과의 거리만을 다룬다. 서술자 자신이 화자인 「자기소개서」는 진술 대상이 자신의 의지로 직접 행위한 것이라면 자신과의 거리를 좁혀야 하고, 즉 능동표현을 하여야 하고, 타인의 의지와 배려가 작용한 행위라면 자신과의 거리를 넓혀야 하는 것이 원칙이다.

다음 예문들은 모두 필자의 의지가 개입된 자기 행위의 진술인데도 피동으로 표현하며 어색해지거나 비문이 된 사례들이다.

25. 그러나 더 배우고 싶다는 열망으로 대학 진학을 결심하게 되었고 제가 평소 흥미를 가지고 있던 관광중국어과를 선택하게 되었습니다.

26. 항상 최고를 지향하고 세계 일류를 향해 뛰는 기업 정신과 목표를 보고 저도 그 일원으로 참가하고픈 열망으로 지원서를 내게 되었습니다.

27. '최선을 다하면 후회가 없을 것이다'라는 믿음으로 노력한 결과 저는 청룡과학대학 컴퓨터응용과에 입학할 수 있었습니다.

28. 엄하시고 연세가 많으신 아버님과 어머님 그리고 각자 개성이 너무나도 뚜렷한 4녀1남이라는 적지 않은 남매들 속에서 채워지지 않는 무언가에 목말랐습니다.

예문 25에서 필자는 대학 진학과 전공 학과를 자신의 의지로 선택하였으면서도 '결심하게 되었고', '선택하게 되었다'고 진술하였다. '되었다'는 자신의 의지가 아니라 타율에 따른 피동 표현이다. 자율성 표현인 '선택하였습니다'로 고쳐야 한다.

예문 26도 마찬가지이다. 자신의 열망으로 지원서를 내면서도, 다른 어떤 힘의 작용으로 지원서를 내게 되는 것처럼 피동으로 표현하였다. '내게 되었습니다'를 '냅니다'로 고쳐야 한다.

예문 27에서는 자신의 소신(所信)을 소개하면서도 자신과 소신의 거리를 넓혀 미묘한 틈이 발생하는 등 어색하다. 이는 잘못 상투화된 합성 조사 '라는'을 고려 없이 사용했기 때문이다. '라는'을 '는'으로 고치든가 아니면, ', 이'로 고쳐야 한다.

예문 28에서도 '4녀1남이라는'의 '이라는'을 '의'로 고쳐야 한다. 오늘 대학생의 문장에서 '(이)라는'의 남용이 무척 심한 형편이다. '(이)

라는'은 진술자와 진술대상 사이에 일정한 거리가 필요할 때만 사용하여야 한다.

위와는 달리 지원자가 자신의 행위를 포함하여 정황을 피동으로 표현하여야 하는 경우도 물론 있다.

29. 저의 스물 두 살의 열정과 사랑을 귀 병원에서 아낌없이 발휘할 수 있기를 소망합니다.

병원 측에서 필자의 소망을 들어줘야 지원자가 자신의 열정과 사랑을 병원에서 발휘할 수 있게 되기에 필자의 자유의지만으로는 소망이 실현되기 어렵다. 하지만 예문 29에서는 '(귀 병원에서) 발휘할 수 있기를'이라고 자신의 의지를 내세워 어색해졌다. 즉 거리 조정에 실패하고 있다. 겸손한 자세도 함축되어 있는 '발휘할 수 있게 되기를'로 고쳐야 한다. 이러한 피동 표현에서 독자는 필자의 상황 감각이 정확하다고 평가할 수도 있을 것이다.

중의문(重義文)

　명칭대로 중의문은 아무리 정독하여도, 아니 정독할수록 두 가지로 문장의 의미가 해석되는 문장이다.

　문학작품, 특히 시의 경우 문장의 중의는 시인의 무능과 부주의의 산물이 아니라 대부분 시인이 언어 구사에 노력해서 얻은 성취에 해당된다. 하나를 말해 두 가지 이상의 뜻을 나타내려는 성향은 시가 언어 예술로서 언어경제와 미학 양면에서 마땅히 지향하여야 할 덕목이다.

　그러나 일반 산문과 중의의 관계는 시와 상반된다. 일반 산문이 추구하는 기능은 지시기능으로, 관념이나 사물을 명확히 지적하여 여지없이 하나의 의미만을 환기하는 데 기여한다. 일반 산문 문장에서 발생한 중의는 글 쓴 이가 시도한 바도 아니며, 글 쓰는 이가 시도해서도 안 된다. 다시 말해 불찰의 소산이다. 따라서 중의문을 비문 성격의 악문으로 취급하면서 그 양상과 해결 방안을 모색해보자.

37. 그 책은 대중매체와 같이 선정적이지 않고 매우 진지하였습니다.

접속 조사 '와'와 부사 '같이'로 해서 중의가 발생한 문장이다. 대중매체가 선정적일 수도 있고, 선정적이지 않을 수도 있다. 전자라면 '같이'를 '달리'로 바꾸고, 후자라면 '와 같이'를 '처럼'으로 바꾸면 각각 그 뜻이 정리된다.

38. 인내심 많은 저의 학우가 그 일을 했습니다.

수식 피수식의 관계가 모호해서 중의가 발생한 문장이다. 인내심 많은 사람이 한 사람임은 분명하지만 지원자일 수도 있고 지원자의 학우일 수도 있다. 지원자가 착하다면 '저의'의 다음에 ' , '를 넣고, 지원자의 학우가 착하다면 '인내심 많은 저의 학우가'를 '저의 인내심 많은 친구가'로 어순을 바꿔야 한다.

39. 저는 아르바이트를 그만 두고 일주일에 두 번 아기를 보러 갔습니다.

다의어 '보러' 때문에 중의가 발생한 문장이다. 지원자가 아기를 단순히 만나기 위해 갔을 수도 있고, 아기를 보살피기 위해 갔을 수도 있다. 전자라면 '보러'를 '구경하러'로 고치거나, 후자라면 '보러'를 '돌보러'로 고쳐야 한다.

40. 그 봉사활동에서 잊지 못 할 기억은 시민단체의 회원들이 그 국회의원의 식사 도중에 달걀을 던졌다는 것입니다.

동음이의어 '식사' 때문에 중의가 발생한 문장이다. '식사'가 '式辭'일 수도 있고, '食事'일 수도 있다. 한글전용론이 우리 언어현실에 드리운 후유증의 하나이다. 이런 중의문이 많다. 의사소통의 경제에 크게 불리하다. 해당 한자를 병기하면 해결된다.

41. 저는 친구와 현장을 자주 찾아 다녔습니다.

접속 조사 '와'의 연결 관계가 모호해서 중의가 발생한 문장이다. 친구와 현장을 지원자가 찾아 다녔을 수도 있고, 지원자와 친구가 현장을 찾아 다녔을 수도 있다. 전자라면 '저는' 다음에 ' , '를 넣거나, '저는'을 '친구와 현장을' 다음으로 옮기면 해결된다. 후자라면 '저는 친구와' 다음에 '함께'나 ' , '를 삽입하거나, '저는'을 '친구와' 다음으로 옮기면 해결된다.

실용 장르 · 이해와 테크니컬 요령

● ● ●

시험답안 쓰기

대학에서 시험답안을 잘 작성하는 것은 당장 자신의 학점과 연관된다. 그런 점에서 시험답안에는 학술적 성격과 실용적 측면을 모두 지니고 있다. 학생들의 시험답안 중에는 열심히 공부한 흔적은 보이는데 작성요령이 미흡하여 실력을 온전히 표현하지 못했다는 느낌을 주는 것들이 있다. 자신의 실력을 충분히 발휘할 수 있도록 답안 작성 요령을 익힐 필요성은 그래서 제기된다.

대학에서의 시험답안 유형은 대개 논술유형이다. 논술유형은 '설명형'과 '서술형'으로 크게 나눌 수 있다. 설명형의 전형은 수업시간에 교수로부터 배운 이론적인 내용을 학생들이 제대로 이해하고 있는가를 확인하려는 답안양식에서 볼 수 있다. 가령 유아교육과 전공시험에 교수자가 '유아의 심리기제 중 '퇴행(退行)'을 설명하시오'라는 문제를 출제했다고 하면, 학생은 퇴행의 정의(定義)와 특징 및 문제점을 학습한 대로 답안을 작성하여야 한다. 즉 기존 지식의 정확한 재현이어야 하며 채점 기준도 그러하다.

이에 비해 서술형은 학습한 지식을 바탕으로 자신의 견해를 덧붙이는 형태이다. 서술형은 설명형에 비해 한층 수준이 높은 문제라 할 수 있다. 서술형 답안은 우선 설명형 답안을 작성할 능력이 있을 때에라야 가능하다. 그래야 자신의 의견을 덧붙일 수 있기 때문이다. 유아교육과 학생의 시험에 '어린아이에게 동생이 생기자 자기도 젖먹이처럼 행동하는 것을 퇴행이라 보는 견해에 대한 자신의 입장을 서술하시오'라는 서술형 문제가 출제되었다면, 학생은 답안을 작성하기 위해 퇴행 관련 지식을 서술하고, 최종적으로 자신의 의견을 제시하여야 한다. 채점 기준은 관련 지식 및 견해의 타당성인데, 후자가 더 중요하다.

어떤 출제 형식이든 올바른 답안을 작성하기 위해, 학생들이 교수의 강의 내용을 제대로 이해하고 있어야 하는 것은 기본이다.

우리 대학 학생들의 서술형 답안지를 통해 답안 작성에 관한 문제를 지적해보고자 한다.

- **글쓰기에서 창의성이 필요한 까닭에 대해 서술하시오.**
  〈학생답안 1〉 이 세상에는 여러 글들이 매우 많다. 그런 글 중에서도 비슷한 글들이 많은데 자신의 글이 더 눈에 띄고 인정받고 싶다면 당연히 창의성이 있어야 한다고 생각한다.
  〈학생답안 2〉 글쓰기에서 창의성이 필요한 까닭은 사람들이 항상 새로운 것을 추구하기 때문이라 생각한다. 우리는 지루한 것을 싫어하며 이미 익숙한 것들보다 새로운 것을 좋아한다. 똑같은 스토리나 다른 사람들과 비슷한 내용들은 사람들에게 신선함을 주지 못한다. 그래서 사람들에게 새로운 면을 전달하기 위해 글 쓰는 이는 창의성을 발휘해야 한다.

〈학생답안 3〉 사람 각자마다 보는 관점이 다르고 생각하는 것 역시 차이가 있다. 그것을 개성이라 할 수 있는데, 같은 문장과 내용을 담은 글이라 해도 그 속에 자신의 개성을 표출하고 진부하지 않은 창의적이고, 개성적인 무엇을 창출하면 독자에게 보다 큰 재미와 감동을 줄 수 있다. 즉 새로운 것에 대한 설렘과 신비감을 줄 수 있다는 것인데 그것의 원동력이 바로 창의성이다.

세 학생 모두 나름의 관점에서 적절한 답안을 도출했다. 하지만 위세 답안 전체를 합친 것이 한 학생의 답안이었으면 더욱 좋았을 것이다. 1번 답안은 당위적 주장에 불과하다. 2번 답안은 조금 더 부연·상술이 되어 있다. 3번 답안은 글쓰기에 창의성의 필요성을 적절히 연계해 교수자의 출제의도에 비교적 부합하고 있다. 하지만 보다 더 사고하여 더 많은 논거와 주장을 펼쳤으면 하는 아쉬움이 있다. 아울러 자신의 주장을 펼치는 논리적 근거가 일반적이고 상식적이라는 점도 지적할 수 있겠다.

자기소개서 쓰기

자기소개서란 무엇인가?

자기소개서는 크게 말해 스스로 자기가 어떤 사람인지를 밝혀 기업이나 학교의 전형(銓衡)에 부응하려는 글이다. 즉, 취업, 진학, 편입, 이직 등에 반드시 필요한 글이다.

먼저 자기소개서의 유일한 독자가 기업과 학교에 적합한 인재를 선발하려하는 기업의 인사 담당자나 학교의 진학 담당자라는 점을 명심하자. 자기소개서가 단순히 자신을 소개하는 데에 그쳐서는 곤란한 이유가 여기에 있다. 자기소개서는 이들의 인사 기준에 적합한 내용으로 채워져야 한다. 다시 말하면 이들이 소속한 집단이 요구하는 능력과 미래상에 부합해야만 자기소개서로서의 기능을 다했다고 할 수 있다.

사기소개시는 '서류 전형'의 단계에서 제출하게 된다. 이 단계의 다음은 '면접'이다. 지원자를 처음 만나는 기업의 인사 담당자나 학교의 진학 담당자가 면접에서 자기소개서를 참조하는 것은 당연한 일이다. 그러므로 자기소개서는 진실해야 한다. 자기소개서를 참조한 면접관의 질문에 제대로 응하지 못하면 그 결과는 불을 보듯 뻔하다.

이상에서와 같이 자기소개서를 개략적으로 이해하였다면, 아래 '자기소개서 작성에 필요한 기본 태도'에 동의할 수 있을 것이다. (1)~(4)는 위의 둘째 단락에, (5)~(6)은 위의 셋째 단락에 각각 부합하는 사항들이다.

자기소개서에 요구되는 기본적인 태도

(1) 읽는 사람을 고려한다.

자기소개서를 읽는 사람이 일반 개인이 아니고 회사 측의 입장에 있는 직원이라는 사실을 잊지 말자. 그 회사에 대한 평소의 관심을 언급하자. 관심 수준을 넘어 회사에 대해 조사하고 연구한다면 더욱 좋다.

(2) 성의를 보인다.

회사에서 요구하는 특정 양식이 있다면 거기에 따라야 한다. 그러나 분량 제한이 엄격하지 않다면, 기업에서 요구하는 양보다 1/3 정도 넉넉하게 쓰는 편이 좋다. 글자 크기를 확대하거나, 여백을 두어 양을 채우는 일은 피해야 한다.

(3) 간결하게 쓴다.

두 줄을 한 줄로 줄여 쓸 수 있는지 점검한다. 긴 문장은 의미 전달이나 해석의 어려움을 줄 수 있고 비문이 될 우려가 있다. 가능한 한 단문을 쓰자. 아울러 접속어는 되도록 쓰지 않는다. 내용 파악에 도움이 되도록 단락별로 행갈이를 하는 것도 좋다. 또 큰 단락에는 활자 크기를 달리하여 작은 제목을 뽑아도 좋다.

(4) 통신언어나 축약어는 사용하지 않는다.

자기소개서는 사적인 내용을 담고 있지만 어디까지나 공식 문서이다. 인터넷이나 휴대전화에서 보편화된 통신 언어는 피한다. '~하였슴다'라든가, '알바', '^^;'와 같이 축약된 말, 그림말(이모티콘) 등을 쓰지 않는다. 맞춤법, 표준어 규정에 따르고, 마지막으로 오자와 탈자가 있는지 두 번 이상 확인한다.

(5) 있는 사실을 중심으로 쓴다.

내용의 과장이나 거짓은 면접 단계에서 드러난다. 면접은 자기소개서를 토대로 이루어지기 때문이다. 따라서 자신이 잘 알고 있고, 충분히 설명할 수 있는 사실을 쓴다.

(6) 구체적으로 사례를 들어 쓴다.

자신의 경력을 유형별로 나열하는 것이 아니라, 그 경력을 통해 얻은 교훈이나 기술 등을 구체 사례를 들어 기술한다. 즉 필리핀에서 영어연수를 받았다고 막연하게 쓰지 말고, 필리핀 어학연수 때 어느 과정에서 누구와 교류하며 무엇을 배웠다고 쓰면 더욱 설득력이 있을 것이다. '열심히 하겠다', '최선을 다 하겠다' 등의 표현도 피한다.

자기소개서의 필수 기재 사항

여기에서 살필 것은 자기소개서가 일반적으로 요구하는 서술항목들이다. '성장과정', '성격 취미 특기', '학교생활', '지원동기와 포부'가 그것이다. 그런데 이들 항목의 일부를 이력서나 지원서에서 이미 밝힌 바 있다는 사실을 떠올리도록 하자. 가령 가족관계나 출신 학교와 학과 등은 그것들의 기본 기재항목이다. 그것들과 내용이 겹치는 자기소개서가 매력이 없으리라는 것을 새삼 깨우쳐줄 필요는 없을 것이다. 따라서 아래의 설명에 대해 고려한 다음, 이들 항목을 쓰도록 해야 한다.

(1) 성장과정 : 부모나 가족과의 관계도 중요하다. 그러나 그 언급에 치중하기보다는, 그들과의 관계와 경험이 자신의 삶에 큰 영향을 끼쳤던 사례를 제시하라. 나아가 단순한 제시에 그치지 말고, 그러한 사례가 나를 어떻게 성장시키고 바꾸었는지 설명하라.

(2) 성격소개 : 누구나 다양한 성격과 성향을 가지고 있다. 자신이 지원하는 분야에서 어느 측면을 더 필요로 하고 요구하는지 먼저 생각해보아야 한다. 입사 후에 맡게 될 업무를 잘 처리하기 위해 신중함과 결단력 가운데 어느 쪽이 더 요구되는가? 실제와 다른 거짓말을 하라는 뜻이 아니다. 지원 분야의 업무와 관련하여 자신의 성격이나 성향을 설명하라.

(3) 학교생활(봉사, 연수, 직무 관련 경험 포함) : 학교에서 무엇을 배웠는가를 알리려고 할 때 중요하게 고려할 점은, 자신의 교육

경험이 지원 회사의 업무 분야와 일치하느냐를 먼저 따져보는 것이다. 그리고 그 가운데 핵심 사항을 집중 강조하는 편이 좋다.

(4) 지원동기와 포부 : 지원 회사가 어떤 회사인지 관련 정보를 사전에 수집하자. 회사의 홈페이지를 방문하면 경영이념, 기업문화, 특성 등을 파악할 수 있다. 또 그 회사에서 중시하고 강조하는 용어도 알 수 있다. 제약회사라면 '생명존중', 건설회사라면 '기술입국' 등을 애용하고 있을 것이다. 회사의 기업정신과 자신의 장래계획이 부합하는 면을 찾아라. 자신이 입사해야 하는 명확한 이유와 향후 비전과 계획을 기술할 수 있을 것이다. '같이 일하면 좋겠다'는 느낌을 강력하게 전달할 수 있어야 한다.

자기소개서의 기획과 구성 방법

목적을 상기하자. 다시 말해 자기소개서는 단순히 자기를 소개하는 글에 그쳐서는 안 된다. 자신이 지원하는 회사에 '적합한' 인재임을 힘껏 주장하는 글이 되어야 한다. 말하자면 자기소개서는 한 인재의 '성장담'이자 '일대기'이다. 그러므로 그것은 그대로 한 편의 '드라마'여도 무방하다. 이 이야기에서 자기 자신이 주인공임은 말할 것도 없다. 그리고 이 이야기의 결말은 지원 회사에 입사해서 지원자가 회사와 함께 '자아 성취'를 이루는 것이 되어야 한다.

그러나 앞에서 다루었듯이, 자기소개서는 '허구'여서는 안 된다. '진실'을 토대로 해야 한다. 따라서 자기소개서라는 한 편의 이야기를 구성하는 데에 있어서 중요한 것은 '진실'을 '배치'하는 방법이다. 아래의 4단계는 자기소개서를 기획하고 구상하는 하나의 방법이다.

(1) 단어 수준에서 발상하라 : 자기소개서 필수 항목 각각에서부터 연상되는 단어들을 써라. 이른 바 '키 워드들'이다. 이때 그 어휘가 지나치게 적거나 많아서는 안 된다.

(2) 문장 수준으로 전개하고 발전시켜라 : (1)의 결과를 단서로 하여 문장을 만들고, 이어 관련 배경이나 정황 등 필요한 정보를 부연한다.

(3) 논리적으로 연결되는 한 편의 글로 구성하라 : (2)의 결과로 얻은 각각의 이야기들을 조리에 맞도록 배치하라. 이때 (2)의 결과 중에서 쓸모가 없어진 부분은 축소하거나 삭제하라.

(4) 양괄식으로 강조하라 : (3)에서 중심이 되는 사항을 다시 검토하라. 그것을 중심내용으로 하는 양괄식의 글이 되도록 하라.

참고사항 : 기억해두면 좋은 네 가지 원리

⑴ 가장 중요한 것을 먼저 쓴다.
담당자들이 수많은 자기소개서를 모두 읽기 어렵기 때문에
첫 문장에서 모든 것을 보여준다고 생각하라.

⑵ 하고 싶은 일이 아니라 잘 하는 일을 먼저 쓴다.
자신이 그 동안 갈고 닦은 전문성에 대해 강조하고, 자신감이
부각되도록 쓴다.

⑶ 미래형보다, 과거형, 현재완료형, 확정형을 쓴다.

⑷ 범주를 좁혀 관련된 내용만 추려서 쓴다.
영업직에 지원한다면 처음부터 끝까지 영업과 관련 있는 내
용만 쓴다. 특정 주제, 특정 영역만 다루면서, 어느 분야든
전문가로서의 자질을 보여주도록 한다.

참고사항 : 자기소개서에서 지워야 할 단어들

미국 CNN 인터넷판에는 '자기소개서에 적어서는 안 될 25개
단어들(25 words that hurt your resume)'이라는 제목의 글이
올라와 있다. 결론은 간단하다. 화려하지만 애매모호한 미사여
구를 쓰는 대신 간단하지만 구체적인 성과를 제시하라는 것이
다. 자신의 능력을 과대 포장하기보다는 있는 그대로 정확하게
보여줘야 한다는 뜻이다. 예를 들면 '서류작성 커뮤니케이션 실

력 우수합니다(Excellent written communication skills)' 대신 '1만1000명의 사용자를 위해 알기 쉬운 설명서를 만든 적이 있습니다(Wrote jargon-free User Guide for 11,000 users)'로 적어야 좋다. '자기소개서에 쓰지 말아야 할 멋있지만 모호한 낱말 25개'를 예로 들면 다음과 같다.

△ 적극적인(Aggressive) △ 패기있는(Ambitious) △ 능력있는(Competent) △ 창조적인(Creative) △ 꼼꼼한(Detail-oriented) △ 단호한(Etermined) △ 능률적인(Efficient) △ 경험 많은(Experienced) △ 융통성있는(Flexible) △ 목표의식이 강한(Goal-oriented) △ 열심히 일하는(Hard-working) △ 독립심이 강한(Independent) △ 혁신적인(Innovative) △ 아는 게 많은(Knowledgeable) △ 논리적인(Logical) △ 자극하는(Motivated) △ 신중한(Meticulous) △막연한 의미의 사람(People, person) △ 전문적인(Professional) △ 믿을 만한(Reliable) △ 수완 좋은(Resourceful) △ 혼자서도 잘하는(Self-motivated) △ 성공적인(Successful) △ 팀웍이 좋은(Team player) △계획적인(Well-organized)

참고사항 : 호감을 이끌어내기 위한 정리법

(1) 일목요연하게 정리하라
   △ 너무 크거나 작은 글씨체는 피한다.
   △ 읽기 적당한 크기에 검정색 글씨로 작성하는 것이 좋다.
   △ 특수 색이나 특수 글씨체, 10 이하의 작은 폰트는 피한다.

△ 불필요한 도표나 수식도 피한다.

△ 파격적인 양식은 지원 분야에 따라 결정한다.

(2) 자신의 장단점을 먼저 파악하라

　△ 자기 평가는 주관적으로 하지 말고 객관적으로 한다.

　△ 장점과 단점을 고르게 평가하고 전체적으로 긍정적인 자
아상을 보여준다.

　△ 다음과 같은 질문을 던져본다.

　　- 나는 다른 사람의 비판을 잘 견뎌낼 수 있는가?

　　- 나는 남이 시키는 일보다 스스로 알아서 할 때가 더
즐거운가? 그 이유는?

　　- 나는 여럿이 함께 일하는 것보다 혼자 일하는 것이
편한가? 그 이유는?

　　- 나는 사무실과 현장, 어느 쪽에서 일하는 것이 편한가?
그 이유는?

　　- 나는 규칙적인 일이 좋은가, 새롭고 도전적인 일이
좋은가? 그 이유는?

　　- 나는 (사람, 기계, 아이디어, 숫자, 책, 컴퓨터)와 함께
있을 때 가장 편하다. 그 이유는?

　　- 나는 화가 날 때＿＿＿＿＿을 한다. 왜냐하면
＿＿＿＿＿때문이다.

　　- 나의 가장 큰 장점은?

　　- 나의 가장 큰 단점은? 고치려고 하는가? 어떻게?

(3) 상대가 원하는 바를 정확히 파악하라.

　△ 자신에 대해 객관적으로 평가해본 뒤에 회사나 조직, 기

관의 특성을 자세히 알아보는 전략이 필요하다.

△ 그 회사의 경영철학, 규모, 역사, 전망, 채용기준, 보수와 승진 제도, 내외부의 평가 등 전반적인 정보를 미리 알아 둔다.

△ 채용하려는 인력에게 원하는 구체적인 능력, 기술, 직종 등이 무엇인지 알아본다.

△ 인터넷으로 원하는 정보를 다 알아내지 못한다면 전화를 걸어 문의해도 좋다.

△ 이렇게 파악한 뒤에 자신과 회사를 연결하여 다음과 같은 사항을 재검토해 본다.

- 회사가 요구하는 일을 하는데 나는 어떤 능력을 갖고 있는가?
- 내가 회사에서 얻을 수 있는 최고 목표는?
- 나는 회사가 발전하는 데 어떻게 공헌할 수 있는가?
- 나의 성장 과정이나 체험 가운데 어떤 점이 회사의 특성과 맞는가?
- 이 회사에서 일하면 나의 성장 발전에 어떤 점이 도움이 될 것인가?

기업이 요구하는 자기소개서의 최근 동향

앞에서 다룬 것은 자기소개서의 기본 구성에 필요한 항목이었다. 하지만 이 경우는 기업이 요구하는 자기소개서의 조건에 부합하는 정도의 분량일 뿐이다. 최근 주요 대기업들은 자기소개서의 주제와 그에 따른 분량을 지정해주는 경우가 많다. 이것은 지원자들이 제출한 자기소개서가 일정한 '틀' 안에 있을 때, 그것의 내용과 질을 차별화하고 평가하기 쉽게 할 목적으로 행해진다. 〈중앙경제(2010. 8. 27)〉에는 이와 같은 자기소개서의 새로운 경향이 실려 있다. 특히 두드러지는 사항들을 분류하면 다음과 같다.

(1) 강조형

ㄱ. 직무경험을 서술하시오. -롯데백화점

ㄴ. 살아오면서 가장 열정(도전·창의)적으로 임했던 일과 그 일을 통해서 이룬 것에 대해 상세히 기술하시오. -현대자동차

(2) 복합형

ㄱ. 타인에게 어필할 수 있는 귀하만의 '끼'와 '열정'을 자유롭게 표현해 주십시오.
(예 : 동영상, 오디오, 사진 등을 본인 블로그나 미니홈피에 등록한 후 주소를 링크해 주십시오.) -대우조선해양

ㄴ. KE 인재상 중 자신과 가장 근접한 항목과 향후 보완이 필요한 항목에 대하여 구체적인 근거를 제시하여 기술하시오. -대한항공

(3) 면접형

ㄱ. 자신의 성격이나 업무 스타일이 다르다고 생각한 사람과 함께 프로젝트 또는 활동을 해본 경험에 대해 기술하십시오. -STX

ㄴ. 자신에게 주어졌던 일 중 가장 어려웠던 경험은 무엇이었습니

까? 그 일을 하게 된 이유와 그때 느꼈던 감정, 진행하면서 가장 어려웠던 점과 그것을 극복하기 위해 했던 행동과 생각, 결과에 대해 최대한 구체적으로 작성해 주십시오. -SK텔레콤

유의해서 보아야 할 것은 이들 제한 조건 역시 보통 자기소개서의 요구사항에서 크게 벗어나지는 않는다는 사실이다. 오히려 위의 사례들은 자기소개서를 어떻게 써야 하는지를 구체적으로 지시해주는 가이드라인일 수 있다.

먼저 (1)의 사례는 각각 '학교생활'과 '성장과정' 항목의 내용을 심화하여 만든 항목들이다. (2)의 사례들은 '지원동기와 포부' 항목에 '성격 취미 특기'의 항목을 결합하여 만든 것들이다. 이들 각 항목의 내용을 심화시키고, 각각의 항목들을 논리적으로 연결시킬 수 있도록 노력해야 한다. (3)의 사례들은 면접의 질문들이 자기소개서의 요구 항목으로 제시된 경우이다. 면접의 질문들이 일반적으로 자기소개서를 토대로 한다는 점을 고려한다면, 자기소개서를 쓸 때에 명심해야 할 것이 분명해진다. 취업 준비생들은 면접에서 해당 기업의 인사 담당자들이 궁금해 할 것이 무엇인지를 고려한 다음, 그 사항에 초점을 맞추어 자기소개서를 써야 한다. 물론 면접에서 자주 묻는 질문에 대한 이해 역시 필요할 것이다.

〈연습과제〉

1. 자기소개서 필수 항목 중 2가지를 주된 주제로 삼아 1000자 내외의 자기소개서를 써라.

2. 최근의 시사 문제에 대한 긍정적이거나 부정적인 가치판단을 시도하라. 이때 자신이 겪은 중요한 인생의 경험을 잣대로 사용하라.

3. 전공과 관련하여 기업이 요구할 수 있는 자기소개서의 항목이 무엇인지 토론해 보자.

참고사항 : 자기소개서와 연결되는 면접 질문들의 예시

1. 본인과 가족관계
 ▷ 자신에 대해 간단하게 소개해보라.
 ▷ 자신의 장점과 단점에 대해 말해 달라.
 ▷ 본인의 특기는 무엇인가.

2. 학창시절과 교우관계
 ▷ 봉사 활동 경험이 있는가(봉사활동이 왜 필요하며 어떤 의미가 있는가. 무엇을 느꼈는가).
 ▷ 동아리 활동은 어떤 것을 했는가(왜 택했는가. 자신에게 어떤 영향을 주었는가).

3. 전공, 연수, 아르바이트 경험
 ▷ 대학에서 전공 외에 관심을 가졌던 분야와 이유는.

▷ 국내 혹은 국외에서 연수를 받은 적이 있는가.

▷ 해외여행을 통해 얻은 교훈이나 느낌을 말해보라.

4. 지원동기와 희망부서

▷ 우리 회사를 택한 이유는.

▷ 우리 회사에 대해 아는 대로 말해보라.

▷ 귀하가 지망하는/지망하지 않는 부서나 지역에 배치된다면.

5. 상사와의 관계

▷ 상사가 납득하기 힘든 지시를 한다면.

▷ 퇴근 시간이 훨씬 지났는데도 상사가 계속 일을 시킨다면.

6. 장래포부

▷ 10년/20년 후에는 어떤 일을 하고 있을 것으로 생각하나.

▷ 직장생활을 통해 이루고 싶은 목표가 있다면.

7. 최근의 시사상식

▷ 국제유가 변동에 대해 어떻게 생각하나.

▷ 소말리아 해적에 대해 국제사회는 어떻게 나서야 한다고
생각하나.

8. 특이한 질문들

▷ 머슴과 주인의 차이는 무엇일까.

▷ 본인만의 스트레스 해소법은.

(1) 오래 전부터 LG.Pillips LCD 입사를 꿈꿨습니다

　저는 1남 2녀 중 장녀입니다. 집안이 넉넉하지 않았지만, 부모님의 노력으로 여동생, 남동생과 함께 밝게 자랄 수 있었습니다. 고등학교 시절부터 타인을 도와주고 챙겨주는 일에 관심이 생겨, 주말을 이용해 약 200여 시간 동안 다양한 봉사활동을 하면서 사회와 현실을 배웠습니다. 이러한 저의 노력이 남에게 조금이라도 도움이 될 때 자그마한 보람도 느끼곤 했습니다. 또 여러 직종에서 아르바이트를 하기도 하였는데, 그 경험으로 부모님의 노고를 조금이나마 실감할 수 있었습니다. 또한 그것을 통해 현실과 이상의 차이를 구체적 삶의 토대 위에서 바라볼 수 있게 되었습니다.

　대학에 입학해 학업을 닦기 시작하면서부터 늘 취업을 염두에 두고 있었습니다. 그러던 중에 한 지인이 LG.Pillips LCD에 입사하였다는 소식을 듣게 되었습니다. 이미 LG와 Pillips의 합작 출범을 반겼던 저는, 제 전공과 관련하여 가능성을 꿈꾸며 진지하게 LG.Pillips LCD 입사를 생각하게 되었습니다. 2학년이 된 올해부터는 일주일에 두세 번 정도 LG.Pillips LCD 홈페이지에 접속해 공지를 읽으며 본격적인 입사 준비를 시작했습니다. 지난 여름방학 마지막 날에 저의 조건에 맞는 2년제대 졸업생 가능직 채용 공지가 올라왔습니다. 그날 밤은 기회가 왔다는 생각에 들떠, 잠도 오지 않을 정도로 기뻤습니다.

　저의 취미는 비즈공예와 십자수입니다. 비즈공예는 작은 구슬

을 하나하나 꿰어서 많은 형상을 만들 수 있어 신기하고, 십자수는 한 땀 한 땀 수를 놓아 작품을 완성하는 과정의 인내와 진지성이 아름답습니다. 두 가지 모두 시간과 정성이 요구되지만 완성하면, 작품과 스스로에게 보람을 느낄 수 있어 행복해집니다. 취미에서 알 수 있듯, 저의 장점은 굳은 책임감으로 성실하고 꾸준히 할 수 있는 것을 좋아하고 잘 한다는 것입니다. 반대로 단점은 혼자 뭔가 만들고 완성해 내는 것을 좋아하다보니 개인주의적인 면모도 있다는 점입니다. 그래서 저는 단체 활동에 적극적으로 참여하려 하고, 남과 함께 하는 일에도 익숙해지기 위해 노력하고 있습니다.

초등학교 때는 피아노 연주를 하였는데, 내 손으로 직접 음악을 연주할 수 있다는 것이 좋았습니다. 중학교 때에는 도서부 활동을 하였습니다. 사서 직무를 배우며 책 정리도 하면서 제 주변의 물건을 제자리에 잘 정리하는 버릇도 생겼습니다. 앞에서 말하였듯이 고등학교 시절에 아르바이트를 시작하였으며, 봉사활동도 재미있게 하였습니다. 아르바이트는 패스트푸드점 보조로 그 기간이 모두 3개월가량 되었고 고객을 친절하게 맞이하는 인사와 점내 청결 유지가 얼마나 중요한지 배웠습니다. 봉사활동은 선도부원으로 일주일에 두 번 씩 정문 지도를 하였습니다. 등교하는 학우들의 모습을 보며 일상생활에서 복장과 표정이 매우 중요하다는 것을 깨달았습니다. 아울러 그것을 바람직하게 가꾸기 위해서는 평소 내면세계를 잘 가다듬어야 한다는 점을 절실히 느꼈습니다. 주말에는 복지관에 가서 아이들 간식을 준비하는 봉사활동을 했으며, 그 밖에도 여러 축제 준비나 청소년 관련 행사에 참여해 고등학교 때, 총195시간을 봉사활동 하였습니다.

대학 재학 시절에는 학업에 애쓰면서도 주말과 방학을 이용해 편의점, 제과점, 마트 등에서 아르바이트를 해 용돈을 벌었습니다. 주로 장사를 하는 곳에서 아르바이트를 했기 때문에 많은 사람들을 만났습니다. 거기에서 대화를 통해 사람들에게 상품을 팔고 제품의 장단점을 제대로 이해시킨다는 것이 정말 힘든 일이라는 걸 절감할 수 있었습니다.

여전히 취업이 힘든 시기에 우리뿐 아니라 세계가 주목하는 LG.Pillips LCD에 입사하게 된다면 더없는 영광일 것입니다. 입사가 허용된다면 이 영광에 걸 맞는 자세와 열정으로 매사 최선을 다하는 일등 사원이 되고자 합니다. 그러다보면 LG.Pillips LCD가 세계 제일이 되는데 자연스럽게 기여하게 되지 않을까 싶습니다.

⑵ 남다른 서비스 정신을 발휘하겠습니다

먼저 우리나라의 호텔업계에서 가장 우수한 시설을 갖추고 있고 고객들로부터도 좋은 평판을 받고 있는 귀사와 인연이 닿은 것을 영광으로 생각합니다. 저는 재수를 한 것도 아닌데 25살의 나이에 지금 A대학의 졸업을 앞두고 있어 감회가 남다릅니다.

저는 충남 서천에서 1남 2녀의 맏이로 태어났습니다. 아버님은 사업을 하셨는데 집안에 관리인과 기사를 둘 정도로 생활이 풍족하였습니다. 그리하여 저는 어린 시절에 아무런 부족함 없이 자랄 수 있었습니다. 그런데 제가 초등학교 6학년 때 갑작스런 아버님의 사업 실패와 그 충격으로 인한 당신의 타계로 말미암아 집안 상황이 완전히 바뀌었습니다. 처음에는 초라한 제자신이 부끄러웠고 돌아가신 아버님이 원망스러웠지만, 어려운 여건 속에서도 저와 동생을 공부시키기 위해 고생하시는 어머님을 보면서 반성하고 다시 마음을 다잡았습니다.

저는 고등학교를 졸업한 후 제 스스로 대학 진학을 해야겠다는 다짐으로 영어학원의 사무보조원 자리를 얻어 잡무를 돕는 일을 하였습니다. 학원의 일이 많았지만 저는 기쁜 마음으로 열심히 맡은 일을 하면서 틈틈이 진학 공부를 했습니다. 그 결과 저는 2년 만에 목표로 삼았던 대학 진학을 할 수 있었습니다.

저는 아버님의 사업 영향을 받아서인지 경영학을 공부하고 싶었습니다. 그리하여 A대학 호텔경영학과를 택했습니다. 아직 우리나라의 서비스업이 선진국 수준에 비해서는 뒤처진 것이 사실이지만 세계화 시대에 전망이 밝은 분야가 될 것이라고 생각한 것입니다.

뒤늦게 진학한 대학인만큼 저에게는 하루하루의 캠퍼스 생활이 즐거웠고 소중했습니다. 교수님들의 열성적인 강의와 학우들의 높은 학구열에 저도 동참하기 위해 최선을 다했습니다. 그 결과 좋은 학과 성적을 받았고, 호텔 지배인 2급 자격증도 취득했습니다. 저는 학과 공부뿐만 아니라 영어회화 동아리 활동에도 적극적이었습니다. 그리하여 저는 현재 외국인과 자연스러운 대화는 물론이고 텔레비전이나 외국 영화에 나오는 영어도 대부분 이해할 수 있습니다. 토익 시험 점수 900점도 그런 노력의 결과가 아닌가 싶습니다.

저는 학교 다니는 동안 학비를 스스로 마련해야 했기 때문이기도 했지만 다양한 대인관계의 체험도 필요하다고 생각해 웨딩 도우미, 학습지 교사, 음식점 서빙 등의 아르바이트를 했습니다.

웨딩 도우미는 아름다운 결혼식을 만들어주는 일이어서 아주 즐거웠고, 학습지 교사는 교재 연구와 수업 준비에서부터 학생 지도, 학부모 상담 등에 이르기까지 많은 능력이 필요하다는 것을 알게 해주었습니다. 그리고 음식점 서빙은 손님들의 취향과 분위기를 파악하는 능력을 키워주었습니다.

저는 아르바이트뿐만 아니라 제가 살고 있는 구청의 자원 봉사자 모집에 지원하여 독거노인들을 돌보는 봉사활동도 성심껏 했습니다. 독거노인들을 방문해 쌀이나 라면 등의 양식을 전하는 일이며 집안 청소, 빨래, 목욕시켜 드리기 등의 일이 쉽지는 않았지만, 그 분들이 진심으로 고마워하는 눈빛을 볼 때마다 그 무엇으로 말할 수 없는 뿌듯함을 느꼈습니다.

저는 호텔 경영에도 이와 같은 서비스 정신이 필요하다고 생각합니다. 독거노인을 돌보는 마음, 멋진 결혼식을 만들어주는 마음, 아이들과 학부모의 기대를 채워주는 마음, 손님들의 요청을 들어주는 마음 등의 서비스 정신이 절실히 필요하다고 생각하는 것입니다. 저는 현재 우리나라의 호텔 경영에서 가장 개선해야 될 부분이 서비스 정신이라고 생각합니다. 그러므로 저는 남다른 서비스 정신을 발휘하여 우리나라 호텔업계에서 가장 우수한 시설을 보유하고 있고, 고객들로부터 좋은 평가를 받고 있으며, 무한한 발전 가능성을 보이고 있는 귀사에 더욱 큰 보탬이 되고 싶습니다.

(3) 세계 최고의 자동차 디자이너

ㅇㅇ**자동차의 식구 김ㅇㅇ**

저는 오늘 아침에도 귀사에서 만든 버스를 타고 등교했습니다. 고향에서 농사를 짓고 계시는 아버님과 어머님을 뵈러 갈 때에도 귀사의 고속버스를 타고 갑니다. 장래에 저의 가정이 생겨 고향을 찾아갈 때에도 귀사가 만든 자동차를 타고 갈 것입니다. 저의 숙부님께서는 현재 귀사의 생산 공장에서 열심히 일하고 계십니다. 저의 막내 이모님은 귀사의 연구소 직원과 결혼해 행복한 가정을 꾸려가고 있습니다. 이처럼 저는 이미 귀사의 식구와 다름없습니다. 저는 귀사에서 제작한 차들을 거리에서 볼 때마다 저도 진정한 한식구가 되었으면 하는 바람을 가집니다. 그와 같은 희망은 귀사의 디자이너가 되기를 간절히 바라고 있는 지금도 여전합니다.

세계로 나아가는 김○○

세계화는 더 이상 거스를 수 없는 대세입니다. 세계의 주류를 인식하지 못하거나 선도하지 못하면 거대한 시장에서 밀려날 수밖에 없습니다. 저는 세계화의 흐름을 읽기 위해 영어 구사 능력을 갖추어야 한다고 생각하여 6개월 간 뉴질랜드에서 연수하였고, 학교의 영어회화 동아리 활동에도 열심히 참가했습니다. 그 결과 900점 이상의 토익 점수를 획득했습니다. 저는 영어뿐만 아니라 중국어와 일어도 틈틈이 공부하고 있습니다.

세계화를 선도하기 위해서는 외국어뿐만 아니라 개방적인 사고와 창의적인 정신이 필요하다고 생각합니다. 격변하는 세계 상황에 무관심하거나 배척하는 자세보다 진지하게 생각하고 수용하는 자세와, 어떤 일이든 세계와 밀접하게 영향을 주고받는 관계라는 사실을 적극적으로 인식할 필요가 있다고 생각하는 것입니다.

공부하는 김○○

저는 강원도 태백에서 탄광 일을 하는 부모님의 2남 중 장남으로 태어났습니다. 지금은 부모님께서 농사를 짓고 계시지만 젊은 날에는 탄광 일을 하셨습니다. 매우 힘들고 위험한 일이었지만 아버님은 힘든 내색 한번 하지 않으셨고, 어머님 역시 알뜰살뜰 가정을 꾸리셨습니다.

저는 어렸을 때부터 그림 그리기를 좋아했습니다. 특히 석탄이 묻어 시커먼 아버님의 작업복과 얼굴을 그릴 때면 슬픔과 동시에 묘한 감동을 받았습니다. 그리하여 초등학교 때부터 고등학교를 거쳐 대학에 다닐 때 각종 미술대회에 참가하여 많은 상을 받았습니다.

저는 화가가 되고 싶어 예술고등학교로 진학하려 했지만, 미술을 전공할 만한 집안 형편이 못 되었기 때문에 인문계 고등학교로 진학했습니다. 그리하여 저는 A대학교 산업디자인학과로 진학한 후 응용미술을 전공하였습니다. 순수미술만이 미술 공부의 전부인 것으로 생각해왔으나 미래에는 응용미술이 사회에 보다 필요할 것이라고 판단한 것입니다.

학과의 수업은 참으로 재미있었는데, 저는 특히 자동차 디자인에 관심이 컸습니다. 다양한 디자인으로 제작된 세계 각국의 차량들이 도로를 질주하는 광경을 보면서 저도 언젠가는 세계 최고의 자동차 디자이너가 되겠다고 다짐한 것입니다. 그리하여 학과 공부 외에 동아리 활동도 열심히 하였습니다. 그림패 모임에 참가하여 디자인과 관련된 서적을 읽고 토론했으며 다양한 실험성을 가한 디자인을 시도해 주위 사람들로부터 신선하다는 평을 받았습니다.

도전하는 김○○

저는 졸업을 앞두고 취업 쪽으로 마음을 정하던 중에, 귀사의 디자이너 모집 광고를 보았습니다. 저는 대학 1학년 때 귀사가 '생활 속의 자동차 디자인'이라는 주제로 개최한 세미나 및 전시회에 다녀온 적이 있습니다. 저는 그때 귀사에 깊은 인상을 받았는데, 지금도 그것이 강하게 남아 있습니다. 저는 세계적인 자동차 산업을 선도하고 있는 귀사의 식구가 되어 일익을 담당하고 싶습니다. 저는 세계 최고의 자동차 디자이너가 되는 꿈을 귀사에서 꼭 이루겠습니다.

⑷ 정보통신 영역을 개척해 나가겠습니다

저는 가난이 죄가 아니라 게으름이 죄라며 새벽부터 저녁 늦게까지 일하시는 부모님의 영향을 받아 어떤 일이든 열심히 하는 습관이 몸에 배어 있습니다. 그래서 저는 대학 진학 후 아르바이트를 통해 학비와 생활비를 스스로 해결할 정도로 독립심이 강합니다. 백화점 물품 판매, 전자제품 조립공장 공원, 공사장 막일 등을 통해 학비를 마련한 것입니다.

저는 서울올림픽이 개최된 1988년 경기도 부천에서 2남 1녀 중 장남으로 태어났습니다. 부모님께서는 컴퓨터 판매 및 수리를 하는 가게를 운영하셨는데 부지런하셔서, 크게 풍요롭지는 않았지만 그렇다고 곤궁하지도 않았습니다. 부모님께서는 할머니와 외할머님을 한 집에 모실 정도로 효심이 깊었고, 자식들의 의견을 충분히 수용해주실 정도로 다감하셨습니다. 그리고 매우 성실하고 친절하게 가게를 운영하셨습니다. 저는 부모님의 그와 같은 삶을 소중히 여기고 제가 맡은 일에 대해서는 막중한 책임감으로 최선을 다하고 있습니다.

제가 M대학 정보통신과에 입학한 것도 부모님의 성실함에 영향을 받은 면이 있습니다. 저는 미래 사회는 학벌보다도 현실 경험과 전문 기술을 더 필요로 할 것이라고 생각했습니다. 그리 하여 순수학문보다 실용학문을 선택하기로 결심한 것입니다. 저의 이와 같은 실용주의적 사고방식은, 세상의 변화를 일찌감치 수용해 당시로는 남다른 업종이었던 컴퓨터 관련 일을 하신 부모님으로부터 영향 받은 것입니다.

저는 한 학기를 마치고 지원하여 군 복무를 했습니다. 군 복무를 일찍 마치고 학업에 집중하기 위해서였습니다. 통신병으로 복무하는 동안, 저는 부대의 개선 사항을 꾸준하게 건의하여 '사고 없는 대대의 실현'이라는 목표 달성에 나름의 기여를 했습니다. 그 결과 대대장님으로부터 3박 4일 포상휴가를 받기도 했습니다. 또한 군 복무를 하는 동안 정신적으로 큰 변화를 갖게 되었습니다. 조직사회 속에서 규칙과 질서가 얼마나 중요한가를 체험했고, 국가와 민족을 위해 제가 어떻게 생각하고 행동해야 하는가를 깨달은 것입니다. 앞으로 저는 개인의 가치와 사회의 가치가 조화를 이루도록 삶을 살아가겠습니다.

군 복무를 마치고 복학한 후 저는 꽉 짜인 커리큘럼들을 긍정적인 마음으로 받아들이고 이전보다 열심히 공부했습니다. 그 결과 학업성적을 향상시킬 수 있었고, 프로그램 작성과 정보통신 분야 자격증도 2개나 취득했습니다. 영어 공부도 게을리 하지 않아 외국인과 충분히 대화를 나눌 수 있는 정도가 되었습니다. 토익 성적도 900점을 획득하였습니다. 또한 컴퓨터 동아리에 가입해 열심히 연구한 결과 프로그램 작성 및 정보처리 기술을 실제로 활용할 수 있는 수준이 되었습니다.

저는 이제 졸업을 앞두고 사회생활을 계획하고 있습니다. 제가 귀사의 문을 두드리게 된 것은 젊은 인력을 적극적으로 육성한다는 방침에 호감을 느꼈기 때문입니다. 그리고 대학 1학년 때 친구들과 동남아 여행을 한 적이 있는데, 여행지 곳곳에 귀사의 광고를 보고 큰 자부심을 가졌습니다. 저는 세계 시장으로 뻗어나가고 있는 귀사의 비전에 동참할 수 있기를 진심으로 기대합니다.

업무와 관련하여 특별한 부서를 원하는 것은 없으나 가능하면 정보통신과 관련된 업무를 맡고 싶습니다. 또 본사가 있는 서울보다도 지방의 지사에서 근무하고 싶습니다. 본사에 비해 상대적으로 낙후되어 있는 지방의 지사에서 제 능력을 발휘하여 우리나라의 정보통신 영역을 개척해나가고 싶습니다.

비즈니스 레터 쓰기

기업에서 비즈니스 레터의 상당수는 이메일로 전달하고 있다. 글쓰기 능력은 기업에서 채용은 물론 승진을 심사할 때 가장 우선시하는 항목 중 하나로 중시되고 있다. 논리정연하게 상대방을 설득하는 글쓰기가 보고서, 기획서는 물론, 비즈니스 레터에도 적용된다. 문자 메시지 그 하나하나가 모두 비즈니스와 관련한 효율적인 커뮤니케이션 수단이 되기 때문이다.

상대방 입장을 고려해 쓴다

비즈니스 이메일 역시 상대방의 입장을 충분히 고려해야 한다. 보내기 전에 '보내는 사람'란에 자신의 이름이나 신분이 어떤 식으로 뜨는지도 미리 살펴본다. 본인 또는 회사의 이름으로 되어 있어야 누가 보낸 것인지 명확히 알 수 있기 때문이다. 제목과 내용에는 전달하고자 하는 메시지를 분명하고 일목요연하게 담아야 한다.

먼저, 이메일 제목에 본문의 내용을 축약해 전달한다. '시급! 독일 출장 예산 증액 요청(답장 요망)'과 같은 식으로 상대방에게 전달하고 자 하는 안건의 종류, 시급한 정도, 그리고 내가 어떤 응답을 원하는 지를 명확하게 알릴 필요가 있다.

간결하게, 그러나 너무 짧지 않게

군더더기 없이 간결하여야 한다. 하지만 내용이 너무 간결하면 오히 려 부작용을 일으키는 경우도 있다. 지나치게 사무적이거나 '단체 메일' 이라는 인상을 준다면 바람직하지 못한 것이다. 업무 용건과 함께 약간 의 정서가 담겨 있다면 상대방에게 호감을 줄 수 있다.

다음은 미국에서 비즈니스 레터를 쓸 때 강조되는 원칙들인데, 우리 에게도 적용되는 유용한 조언들이다.

① 주어와 서술어의 거리를 가능한 한 좁혀 의미가 분명한 문장을 만든다.
② 한 문장에는 한 가지 메시지만 집어넣도록 한다.
③ 짧은 문장과 문단을 쓴다.
④ 능동태를 쓴다. 주어를 강조할 경우나 꼭 필요한 경우에만 피동 태를 쓴다.
⑤ 부정적인 의미가 들어간 단어는 될 수 있는 대로 피한다.
⑥ 읽는 이의 취향에 맞는 틀을 유지하고 지나치게 엄격한 형식은 피한다.

⑦ 단순하고 친숙한 일상어를 사용한다.

⑧ 전문용어나 약자는 가급적 피한다.

⑨ 난해한 단어에는 설명을 붙인다.

- 해외시장 진출을 위한 시장 조사 의뢰 예시

Dear Mr. kim

Our company has won an international fame in building supplies and technology for last 50 years.

당사는 지난 50년간 건축자재 기술 부문에서 세계적 명성을 얻고 있는 기업입니다.

Especially, we're confident the quality of our industrial paint and production system are not comparable to others.

특히 당사의 공업용 페인트의 품질 및 생산체계는 누구와도 비교할 수 없다고 자부하고 있습니다.

We've exported our products in all of Asian countries since 2005. and had a good reputation from our clients.

이미 2005년부터 아시아 모든 국가에 수출을 하고, 고객들로부터 좋은 명성을 누려왔습니다.

Our company is planning to release new eco-friendly industrial paint and to do expansion into European markets at the end of this year.

당사는 올해 말 친환경 공업용 페인트의 신제품 출시와 함께, 유럽 시장을 확장하려고 계획하고 있습니다.

So, we're looking for an importer that has a variety of exporting experience and distribution system in Europe.

이에 당사는 유럽지역에서 다양한 수출경험 및 물류유통 시스템을 보유한 수입업자를 찾고 있습니다.

If you want to know our financial situation or credit status, please check with AAA bank in Seoul to receive the information.

만약 당사의 재정상태나 신용상태에 대해 알고 싶으시다면, 서울 AAA은행으로 문의하시면 정보를 제공받으실 수 있을 것입니다.

We'll be happy to answer your inquiries about our products or additional requests.

제품에 관한 문의사항이나 추가로 필요한 사항이 있으시면 기꺼이 답변해 드리겠습니다.

Thank you for your attention in our company, and we hope to receive a positive reply from you.

당사에 대한 관심에 다시 한 번 감사드리며, 귀사의 긍정적인 답변을 기대합니다.

Regards,

비즈니스 레터를 쓸 때의 포인트

① 목적 중심의 레터를 쓴다. 즉, 간결하고, 정중하게, 단도직입적으로 용건을 말한다. 레터를 보내는 이유와 용건을 곧바로 말하면 된다.

② 예의와 격식을 갖춘다. 사적인 레터와 달리 비즈니스 레터는 기본 형식을 따르면서 상대를 존중하는 표현이 있어야 한다.

③ 부드러운 분위기 조성과 감사의 말을 잊지 말자.

● 비즈니스 레터를 쓸 때의 포인트에 의거한 예시

Dear Mr. Harry

Good afternoon. I'm Kim Joo-won, a marketing manager at Loyal, and I'm emailing you to ask for some samples of your products. I was also wondering whether you could send me the manual of the products. At your convenience, please call me or email me for more information.

안녕하십니까. 저는 로열의 마케팅팀장으로 있는 김주원이라고 합니다. 귀사 제품의 샘플을 요청하려고 메일을 드립니다. 또한 제품의 설명서도 보내주실 수 있는지 궁금합니다. 자세한 내용을 원하시면 편하실 때 전화나 이메일을 주시기 바랍니다.

〈연습과제〉

1. 일반적인 편지와 비즈니스 레터에 대해 '비교와 대조' 방법을 이용하여 한 편의 짧은 글을 써보자.

2. 제품 배송 지연에 따른 비즈니스 레터를 작성해보자.

PT 보드 문안 쓰기

프레젠테이션 문안 작성 요령

프레젠테이션을 할 때는 각종 시각정보 자료 외에도 말할 내용만을 따로 정리하여 원고를 준비해 두어야 한다. 이때 원고는 문어가 아닌 구어로 표현한다. 사용할 원고가 '듣는 이'를 위한 것이기 때문이다. 따라서 프레젠테이션 원고 작성에서 아래 사항에 유의할 필요가 있다.

① 원고 내용이 주제와 목표에서 벗어나지 않도록 한다.
② 문장은 되도록 짧게 표현한다.
③ 청중의 관심을 유지하도록 노력한다.
　프레젠테이션을 할 때에는 5분마다 청중의 관심을 끄는 문구를 사용할 것을 권한다. 그러나 청중의 관심도와 주의 집중도는 사안의 내용과 긴밀한 관계가 있으므로 주제 자체가 지루한 경우에는 적절한 간격을 두고 자극을 줄 수 있는 문구를 사용하여도

무방하다. 이야기 자체가 흥미로울 때는 이보다 좀 더 간격을 두어 주의를 환기한다.

④ 비유나 예시는 요지에 부합해야 한다. 요지에 적합한 예나 비유가 없을 때에는 들지 않는 것이 더 좋다.

⑤ 숫자를 이야기할 때는 대략적으로 서술하여 청중이 이해하기 쉽도록 일상적인 것과 비교해 주는 것이 좋다. 과학이나 수학 등과 같이 정확한 수치를 필요로 하는 경우는 예외이다.

⑥ 크기를 이야기할 때도 청중에게 친숙한 사물로 비유를 들어주는 것이 좋다. 예를 들어 "축구장만한 크기"라고 말해 주면 쉽게 이해시킬 수 있을 것이다.

⑦ 특별한 경우가 아니면, 청중에게 익숙하지 않은 전문용어나 약어(줄임말)를 사용하지 않는다.

⑧ 자주 요지를 상기시켜 주는 것이 좋다. 요지는 서술형으로 할 수도 있지만 질문형으로 표현할 수도 있다.

프레젠테이션 원고는 여러 가지 형태로 준비할 수 있다. 3X5인치 독서카드에 요지만 적어서 준비하는 경우가 있고, A4용지에 워드프로세서로 작성하거나, 파워포인트로 작성하는 경우도 있다.

독서카드를 사용할 때는 내용 전체를 쓰기보다는 핵심 키워드를 중심으로 예, 보기, 인용문, 통계 수치 등을 기록해서 사용한다. 이는 전문가에세 알맞은 방법이다.

전문가가 아니라면 독서카드보다 A4용지의 사용을 권한다. 이때는 워드프로세서를 사용하는 것이 수정에 용이하다.

워드프로세서로 프레젠테이션 원고를 작성한다면 다음과 같은 점에 유의하는 것이 좋다.

① 서체의 크기를 12포인트 이상으로 한다.

예를 들면 14나 18포인트로 한다.

② 줄의 간격을 넓게 한다. 200 정도 또는 2라인 정도로 한다.

③ 종이 양 옆의 여백을 많이 남겨 두어 필요할 경우 메모할 수 있도록 한다.

④ 인쇄는 종이 한 면에만 하는 것이 좋다.

⑤ 숫자는 발음 나는 대로 적는 것이 좋다.

예를 들면 '11만2천7백33'으로 써 주는 것이 좋다.

⑥ 문장 도중 페이지를 바꾸지 않는 것이 좋다.

⑦ 각 면은 쪽 번호를 달아 준다.

⑧ 원고는 넘기기 쉬워야 하므로 스테이플러로 한꺼번에 찍어 두지 않는다.

A4용지에 워드프로세서로 원고를 작성하는 경우, A4용지에 빽빽하게 적어 두면 프레젠테이션을 하면서 참고하기 힘들다. 또 예기치 못한 이유로 프레젠테이션 시간을 조절해야 할 경우에도 어떤 것을 더하고 빼야 하는지 판단하기 어려워진다. 그러므로 프레젠테이션 화면에 맞추어 A4용지에 적절하게 여백을 두거나 줄바꾸기를 하면서 원고를 작

성하는 것이 필요하다.

파워포인트는 프레젠테이션 제작에 가장 많이 사용되는 프로그램이다. 전달 내용을 간결하고 단순하게 표현하는 데 장점을 지니고 있다. 파워포인트는 마이크로소프트사에서 개발한 사무용 프로그램인 마이크로소프트 오피스(Microsoft Office)에 포함되어 있어서 직장인들이 쉽게 접할 수 있고 표, 차트, 도형 등을 자유자재로 활용할 수 있다. 이러한 장점 때문에, 최근 비즈니스 현장에서 일반 직장인들이 프레젠테이션을 사용할 때 90% 이상이 파워포인트를 사용한다.

PT 보드 학생 발표 사례(부분 인용) 검토 및 평가

PT 보드(1)

작 품 개 요

- 우리 조가 맡게 된 프로그램은 자바를 기반으로 한 슈팅게임이다. 이미 개발된 슈팅게임은 많지만 우리는 거기서 제일 기본적이고 그로 인해 다양한 응용이 가능한 갤러그를 모태로 코딩하기로 하였고, 기존의 갤러그는 단순히 미사일을 쏘고 적을 죽여 스테이지를 깨기만 했다면 우리 조는 여기에 그래픽 추가, **item shop**, 보스 몹 추가 등 여러가지 기능을 추가하는데 목적을 뒀다. 원래대로라면 여기에 안드로이드에서 구현 시키는 것까지가 최종 목표였지만 목표를 낮춰 일단은 자바를 통해 구현을 시키기로 했다.

PT 보드(2)

화 면 디 자 인

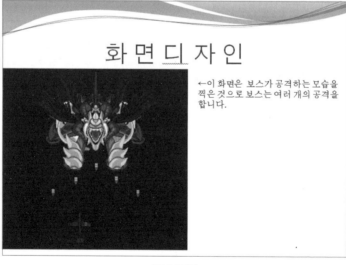

←이 화면은 보스가 공격하는 모습을 찍은 것으로 보스는 여러 개의 공격을 합니다.

PT 보드(3)

추 후 과 제

- 우선 소스분석은 어느 정도 이해를 거의 완료했으니, 더 이상의 소스분석은 안하고 최우선적으로 이미지삽 입을 해야할 것이며, 그 다음으로 글씨체를 삽입하여서 전체적으로 깔끔하게 프로그램이 보이도록 수행할 것 이다. 아이템 샵 을 이용해서 특정아이템을 쓰면은 무 기를 강화할 수 있고, 목숨을 늘리는 것도 계획 중이다. 지금 현재 폭탄 기능이 없어서 키 하나를 지정해서 폭탄으로 사용할 수 있게 하여, 폭탄이 날라가면 근처 전방에 있는 적들이 모두 소멸되게 하는 것도 예정. 현 재 적들이 단순한데 적들의 난이도를 수정할 것이고 보스 몬스터을 생성하여 보스를 깨면은 스테이지를 넘 어가는 방식으로 프로그램을 구상 중이다.

PT 보드(4)

1. PT 보드(1)은 안정된 색감의 배경화면으로 청중의 이목을 끈다. 쉽고 재미있게 프레젠테이션의 내용을 함축한 표제도 인상적이 다. 하지만 프레젠테이션의 궁극적 주제를 고려하여, 〈슈팅 게 임〉이라는 표제가 함께 제시될 필요가 있다.

2. PT 보드(2)는 슈팅 게임의 개요를 설명하고 있다. 제목을 〈자바 를 활용한 슈팅 게임의 개요〉라고 했다면 좀 더 주제가 명백하게 전달되었을 것이다. 무엇보다 이 PT 보드의 가장 큰 문제점은 작 품의 개요를 장황하게 서술하고 있다는 점이다. 전달력이 높은 PT 보드로 수정되기 위해서는 중요한 핵심어를 토대로 카테고리 를 설정하고, 이에 따라 발표 조의 슈팅 게임의 특징을 간결하고

요약적으로 제시해야 한다. 〈추후과제〉를 제시한 PT보드(4) 역시 동일한 문제점이 발견된다.

3. PT 보드(3)은 게임 화면을 직접 보여 주는 부분이다. 이 보드에서는 좀 더 비주얼하게 화면을 크게 삽입할 필요가 있다. 이와 더불어 화면을 설명하는 문구는 하단에 배치할 때 화면 구성의 시각적 효율성을 높일 수 있다.

〈연습과제〉

1. A4 용지에 워드프로세서 혹은 '흔글' 프로그램을 이용하여 최근 자신이 읽은 책의 줄거리를 작성하고 가장 보기 좋은 형태로 편집해보자.

2. PPT로 작성된 원고와 워드프로세서로 작성된 원고의 차이점에 대해 발표해보자.

기획서(제안서) 쓰기

기획의 중요성

　기획서는 각각 특성과 사정에 따라 기획서, 제안서, 계획서, 보고서 등으로 이름을 달리하며, 그 글쓰기의 방식은 일반적인 글쓰기와 다르다. 그 목적이 핵심을 명쾌하게 전달하는 데 있기 때문이다.

　기획서의 작성은 두 가지 특성을 토대로 출발한다. 하나는 문제 해결을 위한 답을 찾는 과정, 다른 하나는 아이디어의 산출이다. 이 가운데 업무현장에서는 문제 해결 과정에서 비롯된 기획 업무가 더 많이 요구되고 있음을 염두에 두어야 한다. 그러므로 기획서를 올바르게 작성하기 위해서는 과제를 명확하게 인식하고 그 답을 찾는 능력이나 독특한 아이디어를 충실하게 갖추어야 한다.

기획의 과정 5단계

- **1단계 - 아이디어 떠올리기**

기획서 쓰기의 첫 번째 단계는 아이디어를 떠올리는 일이다. 기획안 작성 과정에서 일종의 준비운동 단계라 할 수 있다.

- **2단계 - 생각 쏟아내기**

이때에는 내가 겪었던 이야기, 보았던 장면, 느꼈던 감정 등 모든 것을 떠올려본다. 이 생각들은 지식, 경험 등 내가 알고 있는 모든 것이며 이런 작업은 생각 쏟아내기의 시작이라고 할 수 있다. 머릿속에는 수많은 데이터들이 맴돌고 있다. 그것을 머릿속으로부터 눈앞으로 끄집어 내야한다. 생각을 쏟아낼 때에는 떠오르는 대로 자유롭게 쓰고, 결코 정리하려 들지 말아야 한다.

- **3단계 - 정리하기**

생각 쏟아내기가 끝나면, 이제 마구 쏟아낸 이야기들을 정리해야 한다. 이때에는 기획의 5가지 요소인 Why, Analysis, Message, How, Effect의 각 항목을 충실하게 채워 기획서를 작성하기 위한 얼개를 잡아야 한다. 이 정리하기 단계에서 '개요'라고 할 수 있는 글의 순서가 거의 정해지면서 기획서 전체의 밑그림이 그려지게 된다. 이것은 쏟아낸 생각들을 정리하여 글의 순서를 잡아내는 작업으로 기획서 전체의 구성이 나타나게 된다.

- **4단계 - 조사와 분석하기**

기획안에 필요한 자료를 조사하고 수집하는 단계의 일이다. 주관적인 제안이나 주장들을 입증할 만한 근거가 풍부하게 포함되어 있어야 한다. 독자를 설득하는 것은 주장이나 제안 자체가 아니라 바로 그 타당한 근거이다.

또한 트랜드를 읽을 수 있어야 한다. 트랜드의 분석은 실용적인 글쓰기에 결정적인 역할을 담당하는데, 기획자가 떠올리고 구체화한 아이디어가 트랜드를 반영하고 있는 것인지를 신중하게 따져 보아야 한다. 여기서 트랜드란 일시적인 유행이 아니다. 생활양식의 변화, 기술이나 취향의 변화 등에 따라 현실과 시장 전반에 걸친 점진적이면서 광범위한 조류를 말한다.

- **5단계 - 기획안 작성하기**

기획자가 스스로 가장 자신 있게 생각하는 부분, 또는 가장 쉽다고 여기는 부분부터 시작하는 것이 작성 과정에서 자신감을 키울 수 있는 방법이다. 기획의 각 단계에서 충실히 준비를 한 기획자라면 자신을 믿고 불안한 마음을 버리는 것이 좋다.

1. 쉽고 짧게 써라.

주어는 짧게, 긴 문장은 간결체로 전환하고, 필요 없는 수식어나 부연은 삭제한다. 문장만으로 잘 설명하기 어려우면 도표, 차트, 그림을 함께 사용한다.

2. 기본을 벗어나지 말라.

쓸데없이 어려운 한자나 단어도 가급적 피하며, 자신 없는 내용은 아예 쓰지 않는 것이 좋다. 틀린 한자나 단어, 사소하지만 잘못된 내용은 글 전체의 신뢰를 떨어뜨린다.

3. 압축하라.

글을 쓰면서 '내가 말하고자 하는 것은 무엇인가?'를 끊임없이 생각해야 한다. 쓸 것이 너무 많다는 생각이 들 경우, 자신이 나타내려는 것이 무엇이고, 가장 중요하게 전달하고자 하는 것이 무엇인가, 또 보고서를 읽을 사람이 핵심으로 생각할 것이 무엇인지를 생각해야 한다. 따라서 키워드 단어를 메모하고 이를 중심으로 쓰며, 생각을 압축해서 간결하고 알기 쉽게 쓰는 것이 중요하다.

4. 내용을 풍부하게 하라.

내용을 건조하지 않고 풍부하게 만들려면 사례나 에피소드 등이 필요하다. 재미있고 흥미로운 에피소드라면 다소 길더라도 기술하는 것이 효과적일 수 있다.

5. 문제점을 간단하게 정리하라.

'문제는 3가지' 또는 '3가지로 정리해 볼 수 있다'고 정리하면 기획서를 읽는 사람의 관심을 끌 수 있다. 명확하게 하고 싶은 말이 정리되는 효과를 노려야 한다.

6. 반론에 대비하라.

기획서 말미에 기획자 스스로 자신이 쓴 기획서를 객관적으로 검토하고, '이러이러한 문제가 있지만, 기획자의 입장에서 이런 방식으로 해결이 가능하다고 생각한다'라며 추가 의견을 보충하면 자신의 기획에 반대하는 의견을 미리 반박하는 효과가 있다.

표 1_기획의 과정 5단계

1단계	2단계	3단계	4단계	5단계
아이디어 떠올리기	생각 쏟아내기	정리하기	조사와 분석하기	기획안 작성하기

기획서의 5가지 구성요소

이제 기획서의 완성도를 높이기 위해서 기획서를 구성하는 5가지 요소에 대해서 자세히 알아보도록 하겠다. 기획서 쓰기는 Why-Analysis-Message-How-Effect의 다섯 가지 구성 요소를 채우는 과정이다. 기획서를 구성하는 5가지의 요소는 다음과 같다.

1) Why : 기획의 이유를 설명하기

기획서나 제안서를 작성할 때 가장 우선적으로 해야 하는 일은 '왜?'라는 질문을 던지는 일이다. 바로 이것이 기획의 목적과 이유이기 때문이다. 이 질문은 모든 비즈니스 문서에서 요구되는 것이다. 기획서는 기획을 설득력 있게 전달하는 문서이다. 그렇기 때문에 문서만으로 아이디어를 충분히 이해할 수 있어야 하고, 그 자체로 실현 가능해야 한다. 그렇게 하기 위해서는 '왜?'라는 질문에 충실히 답할 수 있어야 한다.

2) Analysis : 현재 상황과 문제점이 무엇인지 말하기

기획은 기획 행위를 통해서 목적을 성취하는 일이며, 무엇인가를 해야 한다고 주장하는 일이다. 그렇다면 왜 그 일을 해야 하는지를 설득력 있는 데이터로 보여줄 필요가 있다. 분석은 기획이 목표하는 곳, 상품이 위치해야 할 주변의 현황을 입체적으로 알아보는 것을 말한다.

이 요소에서 말하는 분석이란 외부 상황에 대한 분석과 함께 자신에 대해서 분석하는 것을 뜻하고 있는데, 종합분석의 4요소는 자사, 시장, 경쟁사, 고객이다.

3) Message : 기획의 내용을 전달하기

이 요소는 기획자가 전하려는 내용을 그대로 보여주는 것을 말한다. 바로 기획자가 전하려는 기획의 내용이 메시지인 것이다. 기획에서의 메시지는 혁신적이고 기발해야 한다. 더불어 기획하고자 하는 내용을 명확하게 밝힐 수 있어야 논리 정연한 글이 나온다.

4) How: 추진할 전략을 드러내기

모든 기획은 실행을 통해서 열매를 맺는다. 모든 기획은 분명한 목표를 지니고 있으며, 반드시 그 목표를 관철시켜야 한다는 점에서 볼 때 전략은 결코 단순하게 생각할 수 없다. 무엇보다 기획자는 각 전략의 의미를 확실히 이해하고, 기획서에 그 전략을 설득력 있게 전달하는 것이 중요하다.

5) Effect : 기획이 가져올 효과를 보여줘라

효과는 구체적이어야 한다. 상대를 고무시키되 실현가능해야 한다. 핵심 장점이나 이익을 빠트리지 말고 먼저 제시하여야 하며, 읽는 이가 구체적으로 그 효과를 인식할 수 있도록 수치를 사용하는 것이 좋다.

[기획안 작성 예시 1]

제품 기획서
다양한 곡물을 원료로 한 '명품 즉석밥'

기획이유
1) 국내 즉석밥 시장 경쟁 가속
2) 품질 고급화로 경쟁 우위 확보 필요
3) 먹을거리 웰빙 바람

현황분석
1) 타사동향: 농심 '고시히카리 쌀' 시판, 오뚜기 가능성 즉석밥 '강화밥' 출시, CJ '쌀눈 가득 햇반'
2) 시장분석: 시장규모 1천 200억원. 연 평균 15%대 성장
3) 고객분석: 주 소비층이 싱글족에서 맞벌이 부부로 확대되고, 고른 연령대의 소비 분포

신제품의 핵심내용
1) 건강에 좋은 발아현미밥, 잡곡밥, 보리밥
2) 영양과 밥맛 살렸다.
3) 일반 백미보다 영양 우수

실행방법 및 전략
1) 초고압 식품공법
2) 무균포장시스템
3) 즉석밥이 단순히 밥의 대용품이 아닌 건강식으로 인식되도록 함.
4) 웰빙 바람에 발맞춰 일반 백미보다 더 고급스런 먹을거리로 포지셔닝
5) 건강식 분야 선도적인 브랜딩

기대효과
1) 시장 선도기업의 브랜드인 '햇반'을 추월 가능
2) 웰빙 바람을 타고 1년 내 시장 점유율 1위 가능
3) 일회용 대용품에서 라면처럼 생활필수품 자리매김
4) 웰빙 식품 브랜드 이미지 정착

[기획안 작성 예시 2]

사업기획서
패밀리 스토리 사업기획서

주제목 : 내 삶의 드라마 내가 쓰고 즐긴다
부 제 : '패밀리 스토리' 사업기획서

'세상에서 가장 소중한 부모님과 나의 삶을 스토리텔링 형식으로 생생히 기록한다'

기획이유

1) 사람은 누구나 늙는다. 부모님 역시 때가 되면 삶을 마감한다. 그러나 부모님이 돌아가시고 나면 그저 몇 장의 사진만 남을 뿐 부모님의 파란만장했던 삶은 연기처럼 사라져버리기 마련이다. 당대의 직계 자식은 부모님을 생생히 기억하지만, 손자들은 성장한 후 할아버지나 할머니를 기억할 길이 없다.

2) 돌이나 결혼식과 같은 기념일이 지나가면 다시 오지 않는다. 하지만 당시 행사를 사진이나 비디오만으로 담기에는 부족하다. 기쁨과 설렘, 사연과 추억을 생생한 글과 함께 구성해 신문이나 책으로 만들면 언제든지 원할 때 추억을 되살릴 수 있다.

현황분석

1) 나이든 분들의 인생을 정리해 담는 '자서전' 발간이 유명인사들 사이에서 성행하고 있다.

2) 환갑이나 칠순 같은 어른들 기념일 혹은 젊은이들 결혼 때 신문이나 팸플릿 형태로 기념책자를 만들어주는 경우도 있다.

3) 웨딩숍에서 아니 돌이나 백일잔치 때 기념사진을 찍어 판매한다.

4) 일반인을 대상으로 사진과 스토리가 융합되어 감동을 줄 수 있는 신문이나 앨범 형식도 요즘 유행하고 있다.

5) 주로 사진을 중심으로 개인사를 담는 블로그나 카페가 존재한다.

사업의 핵심내용

1) 돌, 결혼, 칠순 등을 맞는 개인의 이야기 혹은 가족사를 취재해 신문이나 회고록 형태로 출간한다.

2) 모아진 사진과 이야기를 바탕으로 인터넷 포털 사이트를 연다.

3) 고객이 직접 책을 출간할 수 있도록 글쓰기, 책쓰기 프로그램 및 자기계발과 미래설계에 도움을 주는 교육프로그램을 운영한다.

실행방법: 비즈니스모델

1) 회고록 출간 대행

2) 돌, 칠순기념 신문, 결혼, 팸플릿 발간 대행

3) 유료 글쓰기 프로그램

4) 유료 자기계발 프로그램

5) 마이스토리닷컴 인터넷 사이트 운영, 광고 수입

기대효과

1) 회고록 및 신문 팸플릿 발간 대행으로 안정적인 사업이 될 수 있다.

2) 사람의 향기가 들어있는 좋은 사업으로 발전할 수 있다.

3) 수많은 개인의 이야기가 한데 모이는 인터넷 포털이 될 수 있다.

4) 남의 이야기를 벤치마킹하여 자기계발을 꾀하는 성공 프로그램으로 발전할 수 있다.

〈연습과제〉

1. 우리 대학이 '산학협력 동아리 개설'에 대한 학생들의 제안서를 공모하려고 한다. 어떤 동아리를 개설하는 것이 가능할까? 학생들이 원하는 동아리가 개설될 수 있도록 학교에 제출할 제안서를 작성해 보자.

2. 현재 우리 대학의 홈페이지 현황을 분석하고 개편 아이디어를 담은 기획서를 작성해보자.

문화 · 시사비평 쓰기

디지털 시대의 문화 · 시사비평 쓰기
- 나는 발설한다 그러므로 나는 존재한다

현대 사회에서 문화 · 시사비평은 우리를 둘러싸고 있는 사회문화에 대한 관찰력과 분석력, 판단력을 길러주는 데 매우 유용한 글쓰기 방법이다. 최근 이슈가 되고 있는 여러 사회 문제를 비롯하여 드라마, 영화, 대중음악 등 대중문화 전반에 걸친 하위 장르들을 다루는 문화 · 시사비평은 이 시대를 살아가는 한 주체로서 우리가 가진 사회적 의미와 역할을 모색할 수 있는 계기가 될 수 있다. 무엇보다도 사회문화에 대한 이러한 비평적 글쓰기가 중요한 것은, 이를 통해 이 시대를 살아가는 젊은이로서의 관점을 확립할 수 있기 때문이다. 이런 맥락에서 문화 · 시사 비평은 이 시대에 대한 우리들 각자의 증언이라고 할 수 있다.

좋은 문화·시사비평을 쓰기 위한 몇 가지 지침

● 시대의 흐름을 읽는 눈을 길러라

문화·시사비평은 현재 이슈가 되고 있는 사회문화적 사안에 대한 견해를 쓸 때, 보다 많은 이들과 생산적인 논평을 즐길 수 있다. 좋은 비평을 쓰기 위해서는 무엇보다도 시대의 흐름을 읽을 수 있는 비평적 눈이 확보되어야 한다. 이를 위해서는 우리 주변에서 펼쳐지는 모든 일에 관심을 두어야 할 것이다. 신문이나 인터넷 포털 사이트, 텔레비전 등을 보며 유용한 정보를 얻고 이를 꼼꼼히 따져보면서 현재 사회가 어떻게 흘러가고 있는지 파악해보자. 이밖에도 최근에 발표된 문화·시사비평을 읽어보는 것도 시대적 감각을 기를 수 있는 지름길이다.

● 비평문은 감상문과 다르다

비평문과 감상문 사이에는 큰 차이가 있다. 비평은 예상독자를 의식하고 자신의 견해를 정당화하기 위한 설득적 목적의 글쓰기이다. 이에 반해 감상문은 자신이 느낀 감상을 중심으로 구성된 개인적이고 독백적인 자기 표현적 글쓰기이다. 따라서 문화·시사비평을 쓸 때는 자신의 글이 감상문이 아니라는 것을 의식해야 한다. 이를 위해서는 자신의 글이 충분한 논리 근거와 논증과정을 통해 독자를 설득시킬 수 있는지를 감안하면서 글을 써야 한다.

● 감정적 표현은 피하고 균형감을 갖고 자신의 견해를 논리적으로 전개하라

문화·시사비평은 글쓴이 자신의 비평적 견해에 바탕을 주는 주관성과 그 견해를 논리적으로 설득할 수 있는 객관성을 동시에 요구한다. 특히 중요한 것은 비평 이슈에 대해 비평적 거리를 확보하는 것이다. 논리적인 근거나 분석 없이 감정적으로 기술된 비평은 비평에 대한 신뢰도와 설득력을 약화시킨다. 따라서 비평을 쓸 때는 글이 감정적으로 흐르지 않도록 이러한 논리의 균형감을 갖추도록 노력해야 한다.

● 자료조사를 철저히 해라

비평할 때 가장 중요한 것 중 하나는 분석 대상이나 현상에 대한 정확한 이해이다. 이를 위해서는 자신의 생각을 뒷받침할 수 있는 근거를 구체적으로 확보해야 한다. 인터넷 등을 활용하여 관련 자료를 검색하거나, 상황에 따라서는 전문서적을 참고할 수도 있다. 이러한 자료조사가 탄탄하게 이루어질 때, 보다 논리적이고 설득력 높은 비평문을 쓸 수 있다.

좋은 비평문을 완성하기 위한 질문들

아래의 질문들을 검토하면서 비평문을 퇴고한다면 많은 도움이 될 것이다. 물론 처음 글을 쓸 때부터 이러한 질문을 고려한다면 그 효과는 더욱 배가될 수 있다.

① 논지의 일관성이 있는가? ⇨ 논지의 일관성 유지

비평의 논지가 일관성이 있는지 검토한다. 여러 주장을 맥락 없이 횡설수설하고 있다면 논지의 통일성을 위해 불필요한 서술을 과감히 삭제해야 한다.

② 결국 말하고자 하는 것이 무엇인가? ⇨ 주제의 명료화

독자에게 자신이 말하고자 하는 것이 명료하게 드러나는지 살펴보자. 주제가 선명하게 드러나지 않는다면 좀 더 분명히 자신의 입장을 드러낼 수 있는 중심문장을 보완하자.

③ 그렇게 말하는 근거는 무엇인가? ⇨ 논거제시

자신의 주장에 대한 근거가 논리적으로 제시되고 있는지 검토한다. 근거가 불충분할 경우에는 논거를 더 보완할 필요가 있다.

④ 좀 더 구체적으로 말해줄 수 없나? ⇨ 상세화

구체적이고 상세하게 논의가 진행되고 있는지 확인한다. 애매모호하게 기술된 부분은 이를 상세하게 부연하는 진술을 보충하도록 한다.

⑤ 좀 더 와 닿게 말해줄 수 없나? ⇨ 비유, 비교 / 대조

자신이 말하고자 하는 바를 효과적으로 전달하기 위해서 독자들의 이해를 도울 수 있는 수사법을 활용할 수 있다. 서로 유사한 것들을 '비유'하거나, 공통점으로 중심으로 '비교'하는 방법을 쓸 수 있

다. 또한 차이점을 중심으로 한 '대조'도 독자의 이해도를 높이는 데 기여한다.

⑥ 예를 들면 어떤 것이 있나? ⇨ 예시 / 예증
구체적인 예를 들어 설명하거나 논증한다면 자신의 의견을 더욱 명확하게 전달할 수 있다.

⑦ 다 아는 내용이 아닌가? ⇨ 참신한 내용 제시
자신의 견해가 누구나 아는 뻔한 내용이 아닌지 검토한다. 성공적인 비평문의 관건이 참신한 분석과 관점이라는 것을 명심하자.

⑧ 그 반대도 생각해 볼 수 있지 않은가? ⇨ 예상되는 반론에 대한 논박
미리 예상되는 반론을 고려하여 이를 다시 재반박할 수 있는 논지들을 배치한다면 좀 더 다각적 입장에서 비평의 견해를 확장시킬 수 있다.

지금까지 살펴보았던 내용과 형식상의 질문을 토대로 몇 년 전 인터넷 게시판을 뜨겁게 달구었던 다음의 글을 읽어보자.

〈디 워〉를 둘러싼 참을 수 없는

이송희일 감독

1.

막 개봉한 〈디 워〉를 둘러싼 요란한 논쟁을 지켜보면서 최종적으로 느낀 것은 막가파식으로 심형래를 옹호하는 분들에게 〈디 워〉는 영화가 아니라 70년대 청계천에서 마침내 조립에 성공한 미국 토스터기 모방품에 가깝다는 점을 말하고 싶다. '헐리우드적 CG의 발전', '미국 대규모 개봉' 등 영화 개봉 전부터 〈디 워〉를 옹호하는 근거의 핵심축으로 등장한 이런 담론들과 박정희 시대 수출 역군에 관한 자화자찬식 뉴스 사이에는 아무런 차이가 없다.

여기는 여전히 70년대식 막가파 산업화 시대이고, 우리의 일부 착한 시민들은 종종 미국이란 나라를 발전 모델로 삼은 신민식지 반쪽 나라의 훌륭한 경제적 동물처럼 보일 뿐이다. 이야기는 엉망인데 현란한 CG면 족하다고 우리의 게임 시대 아이들은 영화와 게임을 혼동하며 애국심을 불태운다. 더 이상 '영화'는 없다. 이 영화가 참 거시기하다는 평론가들 글마다 주렁주렁 매달려 악다구니를 쓰는 애국애족의 벌거숭이 꼬마들을 지켜보는 건 정말 한 여름의 공포다.

2.

그 놈의 열정 좀 그만 이야기해라. 〈디 워〉의 제작비 700억이면 맘만

먹으면, 난 적어도 350개, 혹은 컬리티를 높여 100개의 영화로 매번 그 열정을 말할 수 있겠다. 제발, 셧업 플리스. 밥도 못 먹으면서 열정 하나만으로 영화 찍는 사람들 수두룩하다. 700억은커녕 돈 한 푼 없이 열정의 쓰나미로다 찍는 허다한 독립영화들도 참 많다는 소리다. 신용 불량자로 추적 명단에 오르면서 카드빚 내고 집 팔아서 영화 찍는, 아주 미친 열정의 본보기에 관한 예를 늘어놓을 것 같으면 천일야화를 만들겠다. 언제부터 당신들이 그런 열정들을 챙겼다고……참나.

심형래씨는 700억 영화짜리 말미에 감동의 다큐와 감동의 아리랑을 삽입하고, TV 프로그램마다 나와서 자신의 열정을 무시하지 말라고 말하는데, 사실은 아예 그럴 기회조차 없는 사람들이 고지깔 안 보태고 영화판에 몇 만 명은 족히 존재할 게다.

지구가 존재한 이래 충무로에서 가장 많은 돈을 받아서 영화를 찍어놓고, 누가 누구를 천대했다는 건지, 참나.

3.

충무로가 심형래를 무시한다고? 정작 심형래를 '바보'로 영구화하고 있는 건 그렇게 말하는 사람들이다. 충무로라는 영화판은 대중문화 시대를 살아가는 소비자들에게 애증의 욕망 대상이다. 스타들을 좋아하지만, 반면 끊임없이 스타들을 증오하는 두 가지 배반된 욕망의 투영물인 셈. 이는 스펙타클화되어 있는 정당 정치에 대해 시민들이 갖는 이중의 배리되는 시선과 닮아 있다.

예를 들어 기존 정당 정치에서 배제된 듯 보이는 '바보' 노무현은, 잘 살고 거짓말을 일삼는 기존 정치인들에 대한 유일한 대항점으로 시민들에게 비춰지면서 대권을 잡는 데 성공했다. 심형래는 이와 다르지 않다. 충무로에서 지속해서 배척된다고 가정된 바보 심형래에 대한 시민들의 지지는 심형래의 아우라와는 하등 상관이 없다. 그저 기존 충무로에 대한 환멸이 투영되어 있으며, 바보는 여전히 바보로서 시민들에게 충무로에 대한 환멸의 근거를 제공할 뿐이다.

여기에서 우리가 간과하는 것은 예나 지금이나 '바보 전략'은 바보 아닌 것들을 비난하며, 서로를 바보, 바보 애정스럽게 부르다가 끝내는 정말 바보가 되어 선거함에 투표 용지를 몰아넣거나 친절하게 호주머니를 털어 영화 티켓값으로 교환해주는 바보 놀이, 즉 아주 수완 좋은 훌륭한 마케팅이라는 것이다.

4.

심형래와 기타노 다케시의 차이가 무엇이라고 생각하는가? 코메디언 출신이면서 B급 영화들을 만들어낸 두 사람의 차이 말이다. 열정의 차이? CG의 기술력의 차이? 애국심의 차이? 헐리우드에 대한 맹목적인 신뢰의 차이? 딱 하나 있다. 영화를 영화적 시간과 공간 내에서 사유하는 방식에 대한 차이다.

CG가 중요한 것도, 와이어 액션이 중요한 것도, 단검술과 권격술의 합의 내공이 중요한 것도 아니다. 내가 무엇을 말하려고 하는지 스스로조차 정리가 안 되어 있다면, 그 아무리 입술에 때깔 좋고 비싼 300억짜리 루즈를 발랐다고 해도 아름다운 이야기가 되는 것은 아니다.

5.

좀 적당히들 했으면 좋겠다. 영화는 영화이지 애국심의 프로파겐다가 아니다. 하긴 도처에 난립하고 있는 온갖 징후들로 추측해 보면, 이 하수상한 민족주의 프로파겐다의 계절은 꽤나 유의미한 악몽의 한 철로 역사의 페이지에 기록될 게 분명하다. 아, 덥다 더워.

〈연습과제〉

1. 〈좋은 비평문을 완성하기 위한 질문들〉을 토대로 하고 다음 논평 사례를 참고하며 이송희일 감독의 글을 평가해 보자.

> ■ 사례
>
> 　이 글은 이송희일 감독이 개인 블로그에 올린 글이기 때문에 엄격하게 비평문이라는 잣대로 평가하기에는 다소 무리가 있다. 하지만 이 글의 문제적 발언은 비평이 지녀야 할 여러 미덕의 방향성을 새삼 가늠하게 한다. 이 감독은 〈디 워〉를 옹호하는 대중들은 강렬하게 비판한다. 하지만 개인의 감정 여과를 거치지 않은 자극적인 언사들은 오히려 읽은 이로 하여금 비평의 방향을 모호하게 만든다.
>
> 　이 글의 가장 문제적인 것은 자신의 주장은 강하게 드러나고 있으나 이를 뒷받침하는 구체적 논거와 논증과정이 없다는 것이다. 이 점 때문에 이 글은 비평으로서 기능하지 못하고 비판의 글로 전락하고 있다. 그런 맥락에서 이 글은 예상되는 독자의 반응을 전혀 고려하지 못한, 혹은 예상되었더라도 이를 철저하게 무시한 필자의 일방적 발언으로 귀결되고 있다. 바로 이 지점 때문에 이 글에 대한 네티즌들의 비난의 폭발이 일어난 것은 아닐까.(5조 박○○, 황○○, 한○○)

2. 최근 유행하고 있는 대중음악에 대한 자신의 견해를 드러내는 문화·시사비평을 써 보자.

예를 들어 아이돌 스타나 걸 그룹 위주로 형성된 대중음악 시장의 문제점, 성인 가요의 위축, 사랑과 이별의 소재로 편중된 노래가사, 자극적이고 선정적인 가사의 문제점, 비슷비슷한 멜로디, 매년 불거지는 표절 시비와 기획사와 가수 간의 불화 등을 살필 수 있다.

3. 영화나 드라마를 한 편 보고 이에 대한 문화·시사비평을 써 보자.

Part II

말하기

제1장

말하기 실전 준비

- 아무도 당신의 말을 주의 깊게 듣지 않는다면?
- '말하기의 구조'와 '말하기를 위한 능력'
- '나의 말하기' 장·단점 10가지
- '말하기 공포증' 극복은 실전과 연습이 왕도이다
- 듣는 사람이 누구인가?
- '말하기'의 논리적 구조 짜기는 '자유 연상'에서부터 시작하라
- '다발짓기'
- '조직하기'

아무도 당신의 말을
주의 깊게 듣지 않는다면?

"인간은 언어적 존재(Homo loguens)이다." 만약 당신의 말을 주의 깊게 듣는 사람이 아무도 없다면, 세상은 당신에게 적대적인 것으로만 비춰질 것이다. 이와 같은 지독한 고독에서 헤어 나올 수 없다는 절망 감이 낳은 현대인의 질병이 '우울증'이다. 우울증에 걸린 대부분의 사람들이 가진 인간관계는 지극히 한정되어 있다. 인간관계가 한정되어 있다는 것은 언어 소통 역시 그러하다는 의미이다. 우울증에 걸린 사람들은 가족과의 대화조차 제대로 수행하지 못한다. 그들은 자신의 내면으로 끝없이 침잠하며, 세상과의 교류를 거부한다.

정신분석의 주된 치료법은 정신분석의와 환자와의 대화적 관계에 토대를 둔다. 환자는 '카우치(couch)'라고 부르는 긴 소파에 눕고 정신 분석의는 환자의 머리맡에서 그의 말을 경청한다. 여기에서 편하고 자 유로운 대화가 인간의 정신을 치유할 수 있다는 사실을 알 수 있을 것이다. 내면의 갈등이나 문제에 부딪혔을 때, 남성들은 자신의 동굴로 들어가는 반면, 여성들은 모여서 '수다'를 떤다는 것은 잘 알려져 있다. 이점에서 일반적으로 남성보다 여성이 정신적으로 건강한 경우가 많다고 할 수 있다. 이들 사례가 '대화'의 중요성을 역설한다는 것을 추론하기란 어렵지 않을 것이다.

인간은 무엇보다 '사회적 존재'이다. '사회적 존재'로 살아가기 위해 필요한 가장 기본적인 능력은 '말하기'에 얼마나 익숙하고 숙련되었는가에 달려 있다. '사회적 성취'도 이와 무관하지 않다. TV에서 마련하는 각종 토론 프로그램을 보면서 말을 잘하는 사람을 보고 감탄해 본 경험은 누구에게나 있을 터이다. 말을 잘하는 능력이 자주 사회적 성공과 직결되는 것은 '사회의 장(場)'에서 '말하기'가 중요한 무기이기 때문이다.

그러므로 아무도 당신의 말을 주의 깊게 듣지 않는다면, 당신은 사회에서 실패할 조건을 이미 갖춘 셈이다. 반대로 누군가 당신의 말에 주목하기를 바란다면, 당신은 사회적 성취를 위한 의지를 가지고 있다는 말이 된다. 현실을 바꾸려는 의지가 있다면, 다음의 단계는 그것을 행동으로 옮기는 일이다. 이제 '말하기 실전'을 위해 검토하고 수행해야 할 여러 사항들을 살펴보자.

'말하기의 구조'와
'말하기를 위한 능력'

    말하기를 토대로 하는 의사소통의 기본 구조를 도식화한 한 것이 아래이다. 말하기란 '나(화자)'와 '상대(청자)'가 '말'이라는 수단을 사용하여 어떤 '화제(話題)'에 대한 의견을 교환하는 행위이다. 이 구조가 가족이나 친구나 애인과의 '대화'와 다르지 않다는 점을 기억해야 한다. 의사소통을 위한 '모든' 말하기의 기본 구조는 이와 같다. 다만 '청자'의 수나 말의 '형식' 그리고 말의 '내용'이 달라질 뿐이다.

화자(말하는 이) ≪⋯⋯ 형식(말)과 내용(화제) ⋯⋯≫ 청자(듣는 이)

    말하기를 위해 필요한 능력 또한 인간이라면 누구나 가지고 있는 기본에 속한다. 그것은 크게 여섯 가지로 나누어 볼 수 있는데, 나열해 보면 아래의 항목이 된다.

1. 말하려는 주제에 대한 지식
2. 논리적 사고력과 판단력
3. 말하는 사람의 가치관과 세계관
4. 다양한 언어 지식과 활용 능력
5. 비언어적 표현에 대한 이해와 활용 능력
6. 말하는 상황에 대한 이해와 활용 능력

위의 항목들을 스스로 검토해 보라. 1~3은 화제와 그것에 대한 태도, 4~6은 언어적 상황에 대한 이해와 관련되는 항목들이다. 전자는 학습이나 준비에 의해 언제든 충족될 수 있는 성질의 것이다. 후자는 인간 사회에서 태어나서 자랐다면 누구나 가지고 있는 능력이 아닌가.

이 검토가 시사해주는 바는 말하기를 위한 기본 능력이 인간에게 평등하게 주어져 있다는 사실이다. 다만 문제되는 것은 이러한 기본 능력에 얼마나 숙련되어 있는가 정도일 것이다.

'나의 말하기'
장·단점 10가지

"지피지기(知彼知己)면 백전불태(百戰不殆) : 상대를 알고 나를 알면 백 번 싸워도 위태롭지 않다"란 명언이 있다. 병법(兵法)의 기초가 되는 이 명제가 제시하는 핵심은, '지피(知彼:남을 알다)'라기보다는 '지기(知己:자기를 알다)'이다. 아무리 상대에 대해 잘 알아도, 스스로가 가진 장점과 단점을 모른다면 아무런 쓸모가 없기 때문이다. 말하기를 잘 하기 위해서도 유념해야 할 명제라고 할 수 있다.

다음의 항목을 체크하여 자신의 말하기 점수가 얼마나 되는지 스스로 평가해 보자. 1점이 최하 점수이며 5점이 최고 점수이다.

말하기 평가 문항	1	2	3	4	5
다른 사람 앞에서 말하는 것이 두렵지 않다					
상대방이 이해하도록 쉽게 말할 수 있다					
정확한 발음을 구사할 수 있다					

말하기 평가 문항	1	2	3	4	5
사투리가 아니라 표준어를 사용할 수 있다					
말하는 속도가 적절하다 (말이 지나치게 빠르거나 느리지 않다)					
말소리에 리듬감이 있다					
지나친 고음이나 저음이 아닌 중저음을 구사할 수 있다					
상황에 따라 높임말을 사용하는 데 익숙하다					
대화할 때, 상대의 눈을 바라본다					
대화를 나눌 때, 맞장구를 쳐준다					

위의 항목에서 자신이 얼마의 점수를 얻었든지 간에, 말하기에 대한 두려움에서 자유로운 사람은 아무도 없다. 아래의 사례들은 이러한 두려움을 좀 더 구체적으로 지적한 것이다. 말하기 '공포증'과 '불안증'이 자기만의 병이 아님을 확인하는 것으로도 충분히 이를 극복할 계기를 마련할 수 있을 것이다.

〈말하기 불안증의 예시〉

1. 일상적인 생활에서 말을 하기는 좋아하지만 공식적인 담화 상황에서 발표 등의 말하기를 해야 할 경우 좀처럼 말문을 열지 못하는 경우가 많다.

2. 일단 말을 시작하기는 하지만 말을 일관된 방향으로 전개시키지 못하고 중도에서 좌절하고 만다.

3. 말의 첫 부분은 쉽게 풀리지만 이내 생각이 고갈되어 버리고 말하기 위해 준비한 내용도 기억나지 않는다.

4. 종종 기발한 생각이 떠올라서 표현하려 하지만 언어화할 수 없거나 이내 기억에서 사라져 버린다.

5. 나는 내가 하고 싶은 말을 했다고 생각하여 만족하지만, 교수님은 내 발표에 대해 그다지 좋은 평가를 해주지 않는다. 나는 왜 그런지 그 이유를 알 수 없다.

6. 고등학교 때 개인적인 감상을 곧잘 발표했는데 대학교에 와서는 상황이 달라졌다. 강의 시간에 하는 발표는 이제까지 내가 해오던 방식으로는 성공할 수 없다는 것을 깨달았다.

7. 나는 고등학교 때 다음과 같은 습관을 가지고 있었다. 관련되는 자료를 전혀 읽지 않고 과제 발표 마감일 직전에 떠오르는 생각에 의존해서 앉은자리에서 단번에 메모를 하고 발표를 하였다. 그러나 대학에서의 발표에서 이런 습관과 방식은 더 이상 통하지 않았다. 발표 때 횡설수설하고 만 것은 당연하였다.

8. 나는 눌변이기 때문에 말하기 평가에서 늘 불리하다고 생각한다.

9. 대중 앞에 서면 말하기를 위해 준비해온 원고를 통째로 읽는 것 말고는 도무지 자연스런 의사 전달을 할 수 없다.

10. 말하기를 성공적으로 마치고 싶은데 말하는 도중에 실수하거나 의사 전달에 실패할까 봐 늘 불안한 마음을 갖고 있다. 그러다 보니 나도 모르게 자주 발표나 토론에서 말을 더듬거나 문장 형식을 만드는 데 실패한다. 점점 말한다는 것이 두려워진다.

11. 말하기 위한 원고를 작성할 때 단번에 완벽한 문장을 쓰려고 하다 보니 진행이 더디고 단어나 문장에 매달리면서 진정 하고 싶은 말을 기록하지 못하곤 한다.

　

자신의 병과 일치하는 항목이 몇 가지나 되는가. 확인해 보면 의외로 많을 것이다. 이 같은 '불안증'과 '공포증'이 생기는 원인을 대략 4가지 정도로 요약할 수 있다. 첫째, 여러 사람을 상대로 한 말하기 경험이 부족할 때; 둘째, 과거에 말하기를 할 때 망신당한 경험이 있을 때; 셋째, 실패하지나 않을까 하는 두려움을 가질 때; 넷째, 말하기 준비가 불충분할 때 등이 그것이다.

'말하기 공포증' 극복은 실전과 연습이 왕도이다

문제를 해결하는 데 있어서 필수적으로 요구되는 최초의 단계는 그것을 직시하는 일이다. 앞의 절은 이를 위한 과정이었다. 실제로 말을 잘하는 사람들의 대부분은 말하기에 있어서 자기의 장점과 단점을 제대로 파악하고 있는 경우가 많다. 장점을 강화하고 단점을 보완하는 일은 자신의 수준을 향상시키는 전제 조건이다. 그러나 자신의 말하기 능력을 개선하려는 노력이 '완전히 바꾼다'라는 단호한 결의일 때는 실패하기 쉽다. '작심삼일(作心三日)'이 되지 않기 위해 필요한 것은, 현재의 시점에서 시도할 수 있는 '작은 긍정'들이다. '긍정의 힘'은 자기가 처한 현실을 다르게 볼 여지를 열어줄 것이다. 아래의 항목을 보도록 하자.

말하기 불안증을 극복하는 발상의 전환 사례	
말하기가 어렵고 힘든 과정이라는 부정적 생각에 빠져 있는가?	말하기는 자신을 어필하는 기회이다.
자신의 발표 능력을 과소평가하고 있지는 않는가?	능력이 있어서 기회가 주어진 것이다.
세련되고 화려한 말하기를 해야만 한다는 강박관념에 사로잡혀 있는가?	감동보다 중요한 것은 말하는 내용의 충실성이다. 감동은 그 다음이다.
발표개요의 준비와 연습이 부족했는가?	준비와 연습을 철저히 하면 된다. 이는 노력으로 해결되는 문제이다.

영어 단어 'risk'의 일차 의미는 '위험'이다. 그러나 거기에는 '도박'이나 '모험'이라는 뜻도 포함되어 있다. 이 때문에 경영학에서 'risk'가 높다고 말할 때, 이 말이 함축하는 것은 '이익률'이 그만큼 크다는 사실이다. '도박'과 '모험'은 'risk'가 높다는 바로 그 이유로 인해, 성공했을 때 주어지는 열매가 커진다.

"위기를 기회로" 바꾸는 시작은 이와 같이 작은 발상의 전환이지만 그 효과는 클 것임을 명심하자. 자주 드는 비유이지만 컵에 물이 반쯤 남았을 때, 그것을 명명하는 방법은 삶에 대한 두 가지 태도를 명확히 드러낸다. '물이 반이나 남았다'와 '물이 반밖에 없다'라는 발언 중에서 당신은 어느 쪽인가. 만약 전자라면 당신의 삶이 나아지기 위해 필요한 것은 스스로를 채찍질할 수 있는 '긴장감'이 될 것이며, 후자라면 자신에 대한 조금 더 너그러운 마음을 갖는 '여유로움'일 것이다.

한편 발상 전환의 사례에서 추출할 수 있는 말하기의 태도로 우선 거론할 수 있는 것은 심리적 안정감을 가져야 한다는 것이다. 청중 앞에서 당당하고 자신감을 가지기 위해서 말이다. 다음으로는 청중을 사로잡는 효율적인 전달능력이겠다. 이를 위해서는 다양한 음성 테크닉, 연단 매너, 제스처 등을 익혀야하겠다. 전하고자 하는 핵심적인 내용을 논리적으로 구성하여 말하기를 준비하는 일은 그 마지막이라 할 수 있겠다.

듣는 사람이
누구인가?

　생산성 향상을 위한 특강을 담당한 누군가가 남녀 산업역군들을 향하여 '여성은 소변 시간이 78초이고, 남성은 43초입니다'라는 말을 했을 때 그 후폭풍은 아무도 감당하기 어려울 것이다. 화장실 사용에 있어 여성은 남성의 2배 정도가 걸리기 때문에, 화장실에 가지 말라는 소리인지, 아니면 가더라도 반만 일을 해결하고 자리로 돌아오라는 것인지 매우 불쾌한 내용임에 틀림없다. 남녀 산업역군이 모여 있는 자리에서는 절대로 남성과 여성의 소변 시간을 언급해서는 안 되는 것이다. 특히나 시간을 다투는 조립라인 생산직 근로자들이 청중이라면.

　듣는 사람이 누구인가에 대한 분석은 철저해야 한다. 듣는 이가 청소년인지 아니면 대학 신입생인지 아니면 주민자치센터의 도서관을 방문한 도서 대출 고객인지 아니면 낙태 찬성론자들의 모임인지, 아니면 연평 폭격을 이 정부의 대북 강경 대책에서 유발된 폭격이라고 생각하는 사람들 모임인지 그 반대인지를 먼저 파악할 필요가 있다. 예를 들어 청소년을 대상으로 하는 '금연 스쿨' 강사로서 각 교육청 강당에서 흡연의 폐해와 문제점을 알려주는 것이 그 목적이라면, 청소년기 흡연이 아직 미성년인 청소년들에게 얼마나 치명적인지를 알려줄 필요가 있을 것이다. 그러나 나이가 지긋한 60~70대의 노인들을 대상으로 한 금연 강연이라면 청소년기의 치명적 문제들을 언급할 필요는 없을 것이다. 그들은 이미 10대의 청소년들이 아니며, 그 치명적 문제점들을 익히 알고 있는 연장자들일 수 있기 때문이다.

이런 문제는 말하기의 목적을 구체적으로 세워놓음으로써 실수하지 않을 수 있다. 듣는 사람이 누구인가를 기록하고, 그들이 원하는 강연 내용이 무엇인지를 정리하며, 말하기의 목적이 무엇인지를 연사 자신이 분명하게 할수록 말하기는 수월하다. 듣는 사람과 말하기의 목적이 평이한 수준에서 접목되어 있다면 말하기는 수월하겠지만 그렇지 않은 경우도 있다. 예를 들면 장애아를 입양하지 않으려는 양부모를 설득하는, 즉 듣는 사람은 정상아를 입양하길 원하고 있으며, 설득하는 복지사는 장애아를 입양시키는 것이 말하기의 목적이라면 복지사는 또 다른 말하기 전략을 세워야 한다. 앞서 언급한 리허설도 매우 중요하지만 이들을 설득할 만한 나름의 논리와 논거를 찾아내야 한다. 장애아 헤외 입양보다는 국내 입양이 고아수출국 1위의 불명예를 벗을 수 있는 일이며, 또한 이제는 장애아동 입양의 경우 의료보험 혜택 등의 의료 혜택은 매우 고급한 수준임을 강조할 필요도 있을 것이다.

청중과 말하기 목적, 연사의 강연 등 세 가지 모두가 호흡이 맞을 때 그 강연의 목적은 달성될 것이며 청중 또한 두 귀를 열어 연사의 말을 경청할 것이다.

'말하기'의 논리적 구조 짜기는 '자유 연상'에서부터 시작하라

상황과 현장에 대한 분석 다음에 할 것은 말할 내용을 찾아내고 논리화하는 일이다. '논리화'라고 해서 미리 긴장할 필요는 없다. 그보다 중요한 것은 '말할 내용'이기 때문이다. '말할 내용'이 명확해지면 '논리'도 자연스럽게 드러나게 된다. 그렇다면 '말할 내용', 즉 '무엇을 말할 것인가'를 결정하는 것이 우선적인 문제가 된다.

'말하기'의 논리적 구조 짜기의 1단계는 '자료 검토'에 '브레인 스토밍'(brainstorming)과 '생각그물 짜기'(Mind-mapping)를 병행하는 것이다. 간단히 말하면 자료를 충분히 검토한 다음 그것을 토대로 '자유연상'을 발전시켜 나가는 방법이다. 다음의 예는 '현대사회와 인간 소외'를 주제로 한 '자유연상'을 기록한 것이나. 각각의 가지는 '브레인스토밍'의 결과이고, 전체는 '생각그물'이라 생각하면 쉽게 이해가 되겠다.

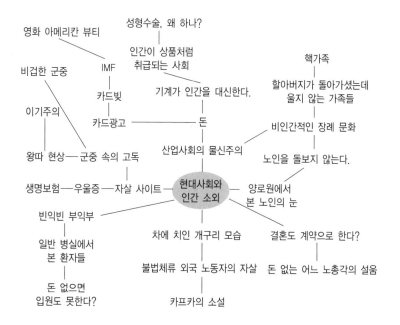

'다발짓기'

2단계는 '생각그물'의 부분을 범주화하여 묶어내는 '다발짓기 (clustering)'이다. '시간과 공간'·'원인과 결과'·'주장과 근거'·'비 교와 대조'·'분류와 분석' 등이 기준이 될 수 있다. 예컨대 위의 도표에 서 "차에 치인 개구리 모습", "불법체류 외국 노동자의 자살", "우울증", "군중 속의 고독", "IMF", "기계가 인간을 대신한다" 등이 '다발짓기'의 대상이라고 하자. 그럴 때 다음 도표의 "진술2-경제적 빈곤과 소외"가 만들어질 수 있다.

```
                      ┌─────────────────────────────┐
                      │   현대사회와 인간 소외 (주제)   │
                      └─────────────────────────────┘
                                   │
          ┌──────────────────────────────────────────────────┐
          │ 인간 소외는 현대사회가 낳은 비극이다(주제문 혹은 논제) │
          └──────────────────────────────────────────────────┘
                                   │
    ┌───────────────┬───────────────┬───────────────┬───────────────┐
```

진술1	진술2	진술3	진술4
(현대산업 사회의 물신주의와 인간 소외 현상)	(경제적 빈곤과 소외 — 죽음, 자살)	(핵가족 시대의 노인 소외)	(종말론적 불안과 우리의 노력)
• 인간을 대신하는 돈, 기계, 상품 • 물신주의와 기계적 생산주의에 원인 • 가진 자와 못 가진 자의 대립	• 개구리의 시체 • 자살한 외국 노동자 • IMF와 가장의 자살 • 도시 빈민의 죽음	• 양로원의 노인들 • 생산력이 없는 폐기된 사물 취급 • 전통 윤리 부재의 현실	• 이기주의와 욕망 • 왕따, 군중 속의 고독, 자살 증후군 • 종말론적 불안 • 소외의 치료 방법을 구하는 노력

'조직하기'

3단계는 '생각다발'들을 논리적으로 배치하는 '조직하기(composing)'이다. 2단계에서 '생각다발'들을 2가지 이상 추려낼 수 있다면, 이 작업은 가능해진다. 가령 위의 도표에서 "진술2"가 "진술1"보다 먼저 오면, "진술2"의 원인이 "진술1"의 "물신주의와 인간소외"라고 밝히는 주장이 될 수 있다. 반대로 "진술1"이 먼저 오면, "진술2"는 "물신주의와 인간소외"가 낳은 참극에 대한 고발이 될 수도 있다.

이상과 같이 '말하기'에 '논리'가 자연스럽게 도입되는 단계는 '3단계'이다. 그전부터 미리 긴장할 필요가 없다고 했던 것은 이런 이유에서이다. 반드시 기억하자. '말하기'의 논리적 구조 짜기는 '자유 연상'에서부터 시작하라. '논리' 때문에 '말하기'를 포기해서는 안 될 노릇이다. 3단계의 과정을 착실하게 거쳤다면 '말하기'에 필요한 '논리'는 스스로 드러나기 마련이다.

참고로 말하면, 이상의 3단계는 '말하기'에만 한정되지 않는다. '글쓰기'의 과정에서 활용해도 무방하다. 장을 끝내면서 효과적인 '말하기'에 필요한 '태도, 자세 그리고 방법'을 추가한다. '말하기 실전'에서 가장 중요한 것은 '할 수 있다'는 자신감이다. '자기 암시'가 필요한 이유는 '믿음이 현실을 만들어낼 수 있기 때문이다'.

'말하기'의 태도, 자세 그리고 방법

1. 자기 암시를 하라.
   1) "반드시 전하고 싶다"고 생각하라.
   2) "반드시 전할 수 있다"고 다짐하라.
   3) "전해지고 있다"고 믿으라.

2. 쉬운 데에서 시작하라.
   1) 솔직한 심정을 말하라.
   2) 최근의 경험을 인용하라.
   3) 앞선 발언자의 언급을 활용하라.
   4) 사회적 이슈를 활용하라.

3. 청중을 제압하라.
   1) 〈1:1〉이라 생각하라.
   2) 짧은 문장으로 말이 흘러가게 하라.
   3) 한 문장을 말할 때마다 한 사람의 눈을 보라.
   4) 자신감 있게 손과 발, 몸짓을 활용하라.

4. 긴장감을 청자에게 돌려주라.

　1) 아는 사람 혹은 긍정적인 사람을 발견하라.

　2) 어렵거나 난해한 질문으로 시간을 벌라.

　3) 말을 멈추고 움직이며 생각하라.

　4) 발표지의 일부를 지적하여 읽게 하라.

목소리와 전문담화

●●●

목소리는 말의
튀는 형식이다

 세계 여러 나라의 말은 언어의 특성에 따라 톤, 속도, 세기 등이 서로 다르다. 이처럼 우리말도 이러한 여러 가지 특성들이 서로 혼합되고 조화를 이루어 하나의 언어로 존재해 왔다.

 말은 내용(기의)과 목소리(기표)로 이루어져 있다. 보통 내용 즉 메시지가 우선한다고 하지만, 형식 즉 목소리가 우선한다는 주장도 있다. 글과 달리 말에서는 목소리가 메시지를 전달하는 가장 강력하고도 분명한 형식이다. 눈빛, 표정, 몸짓, 관련 사물과 상황 등도 메시지를 전달하는 데 이바지하지만, 이들은 목소리 없이는 별 의미 없다. 특히 얼굴을 마주하지 않는 말하기에서 목소리는 유일한 형식이며 말의 내용과 전달에서 큰 영향을 끼친다.

 말하기의 전문가와 예민한 청자들은 누군가의 목소리를 들었을 때 그 목소리만으로도 화자가 마른 사람인지, 건장한 체격인지, 날카로운 성격을 지녔는지, 부드러운 성격을 지녔는지, 그 성격과 체형도 알 수 있다고 한다. 이처럼 목소리는 우리 몸의 피부와 마찬가지로 자신을 표현해주는 또 하나의 자신이며, 말하기에서 적극적으로 고려하여야 할 학습 대상이다.

보통 뉴스를 진행하는 아나운서는 신뢰감을 주기 위해서 중저음으로 진행을 하는데 이것을 음계로 표현하면 '미'와 '파' 사이의 음이라 할 수 있다. 하지만 오락프로그램의 진행자들은 '솔'과 '라' 사이에서 발랄한 톤의 목소리를 내려고 노력할 것이다.

홈쇼핑을 진행하는 쇼호스트나 텔레마케터, 전화상담원의 매우 높은 톤의 목소리는 발랄하고 흥겹기는 하지만 듣는 사람을 질리게 하는 특성이 있는데 이것은 사람의 목소리의 톤이 너무 낮거나 높으면 듣는 사람이 부담을 느끼게 되기 때문이다.

말의 높낮이도 중요하다. 때때로 문장을 말하는 사람이 어느 단어를 너무 강조한 나머지 음폭의 변화가 심한 때도 있는데 단조로운 톤으로 지루함을 주는 것도 피해야 하지만, 심한 음폭의 변화는 상대의 집중력을 떨어뜨려 전달력을 낮게 만든다. 더불어 지나치게 애교 섞인 말투나 가성(假聲)은 청자의 메시지 파악에 오히려 지장을 준다.

이처럼 직접 훈련하지 않으면 좋은 목소리를 얻을 수 없으며 말투란 자신을 표출하는 방식 중 하나라는 점을 인식하고 바르고 적절한 목소리를 구사하는 습관이 필요하다. 특히 전문담화를 전제하고 목소리와 말투를 다듬는 방법에 대해서 살펴보도록 하자.

상황에 따른 목소리의 다양한 변주

타고난 연설가였던 히틀러는 악센트가 강하고 톤이 높은 목소리로 청중들을 선동하기로 유명했다. 이처럼 연설을 할 때는 듣는 이에게 연설의 핵심을 주지시킬 수 있도록 톤을 높이고 비교적 강한 어조를 사용하는 것이 좋다.

반면 카운슬러나 컨설턴트는 부드럽고 중성적인 목소리로 말해야 듣는 사람에게 안정감을 줄 수 있다. 면접시험에 임할 때에는 본래 자신의 목소리와 속도를 유지하면서 톤을 일정하게 하되 강조하고 싶은 부분을 먼저 말하면서 그 부분에 악센트를 주는 것이 효과적이라 할 수 있다. 프레젠테이션을 할 때에는 목소리를 다양하게 구사하는 것이 좋은데 데이터 값을 말할 때는 소리를 높이고 성과를 말할 때는 짧게 끊듯이 강하게 말해야 하며 제안을 할 때에는 톤을 낮춰 부드럽게 말해야 설득의 효과가 커진다.

목소리를 많이 쓰는 직업을 가진 사람들은 이런 전략을 토대로 목소리를 구사하는 것이 좋다. 특히 아나운서들은 최근 아나테이너라는 말이 생길 정도로 다양한 목소리로 우리에게 즐거움을 가져다주는 존재이다. 그들은 뉴스나 각종 교양 프로그램의 진행을 담당하는 것은 물론, 최근에는 오락 프로그램에까지 출연하면서 좋은 목소리와 훈련된 스피치 기술로 브라운관을 장악한다. 아나운서들은 오락 프로그램에 출연했을 때에는 본래 목소리대로 편안하게 말하고 뉴스를 진행할 때는 톤을 낮추고 힘을 실어서 말한다고 했다. 또 사람이 많이 모인 장소에서 음악 프로그램을 진행할 때는 소리를 크게 내는 것은 물론, 소개하는 음악에 따라 목소리의 톤과 속도를 바꾼다.

같은 아나운서라도 TV 프로그램을 진행하는 아나운서와 라디오 프로그램을 진행하는 아나운서의 목소리는 다르다. 라디오 프로그램은 화면이 없는 상황에서 아나운서의 목소리만으로 모든 상황을 전달해야 하기 때문에 단조로우면서도 정보가 귀에 잘 들어올 수 있도록 콕콕 찍어주듯 발음해야 한다. 더불어서 중요한 상황에 대해서는 악센트를 주는 것이 기본적인 말하기 방법이라고 할 수 있겠다.

114안내자나 텔레마케터처럼 전화로 업무에 임하는 사람들에게도 목소리는 가장 중요하다. 이들은 전화통화를 할 때 고객들에게 상쾌한 느낌을 주기 위해서 목소리를 약간 높여 '미'나 '파' 음을 내는 것을 기준으로 삼는다. 과거에는 '솔'에 가까운 음을 냈는데 부자연스럽다는 지적이 많아 기준을 바꿨다고 한다.

설득할 때에는 낮은 목소리로 부드럽게 하는 것이 기본이지만 구매를 유도하는 설득의 경우는 조금 다르다. 홈쇼핑의 쇼호스트들은 매우 주파수가 높은 목소리를 내는 것이 좋으며 목소리의 톤도 다양하게 변화시키면서 빠르게 말한다. 이것은 목소리로 시청자를 자극해서 '꼭 사야할 것 같은' 잠자고 있던 구매 욕구를 끌어내기 위한 전략이다.

이처럼 목소리는 말의 필수 요소이며, 청자가 내용을 접수할 때 청자의 심리와 정서에 크게 영향을 미치기 때문에 일정한 고려와 주의가 요구된다.

상황에 적절하게 말하기 위해서 필요한 요소

목소리의 톤

상황에 적절한 목소리 톤을 설정하기 위해서는 훈련이 필요하다. 우리말은 적절한 음정을 가지고 있는데 사투리의 경우 음가의 폭이 넓어지는 특성이 있다. 그러므로 적절한 음폭을 유지하기 위해서 표준어를 사용하는 것이 좋다. 다음은 중복되지만 각 직업별로 적절한 목소리의 톤을 간략하게 정리한 것이다.

1) 아나운서 (뉴스를 진행할 때) : 신뢰감을 주기 위한 중저음. '미'와 '파' 사이의 음계.
2) 오락프로그램 MC : 높은 톤의 발랄한 목소리. '솔'과 '라' 사이의 음계.

3) 쇼호스트나 텔레마케터 : 발음이 정확한 매우 높은 톤의 목소리.
'라'와 '시' 사이의 음계.

말의 속도

우리말은 글자와 글자, 단어와 단어가 똑같은 속도로 소리 나는 것
이 아니라 문장의 내용에 따라 그 감정이 달라지면서 그에 따른 속도
도 달라진다. 감정이 격해져 분노에 찬 목소리를 할 때는 상대방을 향
하여 빠른 속도로 속사포를 쏘듯이 이야기를 하기도 하고 천천히 말할
때는 끊어서 말하기도 한다. 또 연령층에 따라 속도가 다른데 아이들은
말을 빨리하는 경향이 있고, 노년층으로 갈수록 말의 속도는 느려진다.
말의 속도는 계층, 성격, 연령에 따라 다르며 그에 따라 전달되는 감정
의 속도도 다르다.

- 평균적인 말의 속도 : 1분에 200자 원고지 두 장 정도를 읽는 것이
　　　　　　　　　정상적
- 최근의 전문적 발화 전달 : 보통 300~350마디를 말하는 것이 평균적
　　　　　　　　　일반인의 경우에는 375자 정도의 속도로
　　　　　　　　　말함

띄어 읽기

우리말은 말과 말의 사이를 띄어 읽어야 한다. 그것은 문장의 의미
를 분명하게 하기 위한 효과를 위해서이다. 또 한 문장이 끝나고 다음

문장으로 전환될 때에도 어느 정도의 간격을 가지느냐에 따라서 말하는 감정의 폭이나 의미의 전달이 달라지는 것이 우리말의 특성이다.

다음의 예에서 띄어 읽기에 따라 달라지는 의미에 대해서 생각해 보자.

a. 나는, 지연이와 현주를 때렸다.
b. 나는 지연이와, 현주를 때렸다.

a. 석보는, 화를 내면서 떠나는 은경이를 바라보았다.
b. 석보는 화를 내면서, 떠나는 은경이를 바라보았다.

전달하고자 하는
내용은 키포인트만

　사람들은 대체로 상대가 길게 말하는 것을 좋아하지 않는다. 전문 담화에서도 짧게 말하는 방식을 선호하고 있음에도 불구하고 때때로 중요한 상대나 윗사람일 경우, 말이 길고 장황해지며 말하고자 하는 내용의 핵심을 전달할 수 없게 된다. 이렇게 되는 이유를 군이 따진다면 그것은 마음이 불안해지고 잘해야겠다는 생각이 들기 때문일 것이다. 그런 마음으로 우리는 시작한 말에 마침표를 찍지 못하고 계속해서 말을 이어가기가 일쑤다. 아무리 숙련되었다고 하더라도 말 하는 순간이 다가오면 누구나 불안하고 긴장하게 되는 것이 당연하다.

　그러나 평소에 짧게 단문으로 말하는 훈련을 반복하다 보면 오히려 말하면서 자신의 생각이 정리되는 것을 느끼게 된다. 이 때 말하는 시간으로 보면 자신의 자연스러운 호흡에 맞추어 약 5초 정도에 한 문장이면 족하다. 들이마시고 내쉬는 한 호흡의 범위 안에서 말하면 되는 것이다.

또 아무리 좋은 이야기라 하더라도 듣고 난 후에 기억에 남지 않는 다면 소용이 없다. 모든 말을 듣는 사람이 모두 이해하고 받아들일 것 이라고 생각하는 것은 큰 착각이다. 사람들에게 전달되는 단어의 한 계는 보통 40~50개이다. 그 이상이 되면 많은 정보를 제공했다고 하 더라도 별로 효과가 없고 기억에 남지 않는다. 그러므로 10분 동안 프 레젠테이션을 하게 될 경우에도 반드시 전달해야 하는 사항을 1-2분 집중해서 힘주어 이야기 하고 사례를 들면서 쉽게 풀어가야 한다. 라디 오 방송에서도 중요한 내용의 인터뷰는 대략 3분 정도를 넘어서지 않 는다. 3분이 넘어가면 청취자의 집중력이 떨어지고 주의가 산만해질 수 있으므로 이런 현상을 방지하기 위해서 가급적이면 3분 이내로 잘 라준다.

전화로 이루어지는 텔레커뮤니케이션에서는 무엇보다도 말의 핵심 전달에 노력을 기울여야 한다. 뿐만 아니라 그 전달은 텔레마케터의 억양과 발음, 말하는 속도에 의해서도 좌우된다. 전화상담원의 경우 꾸 준한 연습을 통해서 자연스러운 형식을 확보하여야 한다. 남의 말을 경청하는 것은 내가 이야기하는 것보다 3배 이상의 에너지가 필요하 다. 그렇기 때문에 당연히 말하는 시간이 길어질수록 듣는 사람은 힘들 어지므로 내용 전달의 효과는 떨어지는 것이다. 주어진 시간이 3분이 라면 2분 30초 정도로 여기고 말을 하는 것이 가장 좋다.

말을 짧게 하기 위해서 가장 필요한 태도는 쉬운 말을 어렵게 하지 않는 것이다. 어려운 말을 하지 않기 위해서는 전문용어를 피하는 것이 좋다. 학회나 세미나 등 전문용어가 필요한 특수 상황을 제외하고는 전문용어의 사용을 피하는 것이 좋다. 쉽게 말하는 것과 핵심 포인트를 말하는 것은 서로 관계있으며 상대방의 경청을 돕는 가장 중요한 태도이다. 말하는 사람이 자신이 말하고 있는 내용의 핵심을 왜곡 없이 전달하려면 포인트를 살려서 말해야 한다.

다음은 포인트를 살려서 말하기 위한 몇 가지 방법이다.

먼저 키워드를 찾는다

키워드를 찾지 않고 말하면 불필요한 설명만 장황하게 설명하다가 정작 하고 싶은 말의 포인트를 놓치기 쉽다.

키워드를 중심으로 간결한 문장을 만들어 첫 문장으로 사용한다

찾은 키워드를 중심으로 가장 짧은 문장을 만들어 첫 문장으로 사용한다.

5W1H 형식에 맞춰 부연 설명을 한다

'언제, 어디서, 무엇을, 왜, 어떻게 했는지' 말한다. 이미 알고 있는 '언제, 어디서, 무엇을, 왜' 등은 생략해도 '어떻게'는 절대 생략하지 않는다.

다음은 포인트를 말할 때 듣는 사람을 더욱 배려하는 말하기의 두 가지 방법이다.

상대방이 무엇을 궁금해 하는지를 먼저 파악한다

상대방의 의향을 물은 후 말하면 그 사람이 원하는 순서로 말할 수 있다. 이것은 철저하게 듣는 사람을 배려한 말하기 방법으로 말하는 사람이 말하고자 하는 내용의 순서를 정하는 것이 아니라 듣는 사람이 궁금해 하는 바를 먼저 파악하고 답함으로서 말하는 내용에 집중할 수 있게 해 주는 효과를 갖는다.

문제의 핵심부터 말한다

자신이 말하고자 하는 순서대로 말하면 핵심 메시지는 약화되기 마련이다. 그러므로 문제의 핵심을 먼저 말한 후 그 핵심에 대한 부연설명을 하는 것이 더욱 효과적이다.

전달하고자 하는 내용의 포인트만을 짚어서 말하고, 다른 사람을 배려해서 말한다면 듣는 사람이 그 이야기의 핵심을 빠르게 이해하는 것은 물론, 말하는 사람의 배려까지도 느낄 수 있을 것이다.

철저한 **준비**만이
전문성을 **높**인다

　현대 사회에서 말로 업무를 수행하는 직업이 보다 확장되었다. 이런 직업에는 아나운서, 리포터, 성우, 텔레마케터, 전화안내원, 승무원, 선생님, 호텔리어, 큐레이터 등이 있는데, 말로 업무를 수행하는 전문담화에 종사하게 된 사람은 당연히, 말하는 기술을 업무에 이용하지 않는 사람과 달라야 할 것이다. 하지만 이런 직업을 가진 사람이 말을 잘하는 연습을 하기 이전에 반드시 해야 하는 일이 있다. 그것은 바로 자신의 직업 영역에서 이용될 수 있는 지식을 가능한 한 축적하는 일이다.

　말을 할 때 알면서 말하는 것과 잘 모르면서 말하는 것 사이에는 목소리와 말투에 커다란 차이가 있고, 이는 말의 내용과 전달에 그대로 영향을 끼친다. 특히 전문담화에 종사하는 사람들은 자신의 업무 분야에 관련하여 더 많은 준비를 해야 한다. 왜냐하면 말하는 사항에 대해서 알고 있는 만큼 말할 수 있고, 또 그 무엇보다도 설명력과 설득력의 수준을 결정짓기 때문이다. 바꾸어 말해 듣는 사람은, 말하는 사람이 말하고자 하는 사항에 대해서 충분히 이해를 하고 있는 상태에서 말하는 것인지 상투성 업무용 말을 구사하고 있는지 알아차리며 신뢰할 것인지 말 것인지를 마음속으로 결정한다. 그렇기 때문에 말로 업무를 처리하는 직업의 사람들은 더욱 철저하게 자신의 분야를 연구하고 준비하는 것이 선행되어야 한다.

준비가 철저하면 자신감이 생기면서 말을 할 때에도 목소리가 힘차고 분명하게 나온다. 더불어 많은 철저한 준비는 화자의 말하기 스트레스를 줄여주며 이는 곧 두려움을 이겨낼 수 있는 마음가짐을 형성하게도 한다. 말하는 사람은 항상 긴장을 하게 된다. 연설 전문가나 경력이 오래된 아나운서까지도 여전히 마이크 앞에만 서면 떨린다는 말을 한다. 하지만 말하고자 하는 내용에 철저한 준비는 이러한 긴장감을 축소시킬 수 있고 두려움을 떨쳐낼 수 있는 밑천이자 토대가 되는 것이다.

미국의 말 잘한다는 많은 CEO들의 공통점은 하나같이 전달하고자 하는 내용에 대해서 완벽한 준비를 한다는 점이다. 그 중 한 사람인 시스코의 존 챔버스 회장은 연설을 하기 전에 자신이 직접 원고를 쓴다고 한다. 그는 A4용지 70장에 달하는 원고를 스스로 작성하는데 이렇게 원고를 작성할 때 어떤 대목에서 물을 마실지, 어떤 대목에서 청중을 바라볼 것인지까지도 모두 메모해 놓을 만큼 철저한 준비를 하는

것으로 유명하다. 물론 원고 작성을 마친 후에 리허설도 수십번 한다고
한다.

사람들이 말을 하는 과정에서 긴장하는 이유는 말할 내용의 준비
부족과 연습 부족에서 온다. 반복해서 연습하면 자연스럽게 자신감이
생기는 자신의 모습을 발견할 수 있을 것이다. 이렇게 준비와 연습을
반복하여 자신이 전달하고자 하는 내용을 철저하게 익힌 후 효과적으
로 전달하고자 하는 노력을 하는 사람이 있다면 그 사람이 진정한 전
문가라고 할 수 있을 것이다.

담화 내용의 전문성을
높이는 **방법**

하지만 자신이 이미 전문가라는 생각을 하거나 하나의 업무 분야에서 오랜 시간 경험을 쌓아가다 보면 방심할 수 있다. 혹은 이미 말할 내용이 머릿속에 충만하다고 하더라도 적절한 준비 없이는 중요한 정보나 덜 중요한 정보를 무차별적으로 나열하는데 그치는 아마추어적인 말하기를 하기 쉽다. 그렇다면 말하는 직업군에서 업무를 수행하는 전문가가 자신의 업무분야에서 전문성을 높이기 위해 어떤 방법으로 준비해야 하는지를 알아보도록 하자.

1단계 - 말하고자 하는 내용과 관련된 모든 정보를 수집하고 분석
　　　한다

자신의 업무 분야에서 해야 할 말의 자료 말고도, 청자들이 요구하는 질문이나 의문을 더 중시하며 그 자료를 파악하여 준비한다. 또 청

자들이 누구이며 그 사람의 지적 수준과 성향을 유형별로 미리 파악하여 실제에서 고려한다.(고객 정보 활용)

또한 그 말을 할 장소나 시간도 모두 알아두면 도움이 된다.(예를 들면 관광가이드 등) 이런 정보를 바탕으로 결과적으로 무엇을 말할 것인지를 결정해야 하며, 최종적으로 한 마디로 정리가 되어야 한다.

2단계 - 근거를 마련하고 단락을 구분한다

메시지의 타당성을 뒷받침해 줄 수 있는 논리적 근거들을 체계적으로 배치한다. 무엇이든 청자가 신뢰할 만한 근거가 있어야 한다. 또 전체 내용을 강조할 포인트에 따라 단락을 구분해둔다. 단락을 구분해두면 말하기뿐만 아니라 청자의 이해에 크게 도움을 준다.

3단계 - 자주 연습하며 내용을 조정한다

숙련되었다고 하더라도 자만하지 말고 연습을 자주 해야 한다. 말은 말하는 사람의 의도대로 적절하게 전달되지 않을 수 있는 유동성이 있다. 또 현재 말하기 자료가 최선이라 여기지 말고 끊임없이 새로운 정보와 사례를 추가하여 기존 내용을 조정하여야 상투화되지 않고 진부해지지 않으며, 이럴 경우, 자신의 전문성을 경신할 수 있으면서 변화하는 시류에도 대응할 수 있다.

제Ⅲ장

실용 장르와 테크니컬 요령

● ● ●

토론(debate)이란 무엇인가?

찬반 토론 말하기

공자의 『논어』에는 '군자불기(君子不器)'라는 말이 나온다. 즉 지식인이란 그릇에 담긴 존재가 되어서는 안 된다는 뜻이다. 여기서 그릇이란 특정 기능을 말한다. 악기 연주에서 영혼 없는 악기 연주자라면 기능의 소유자일 뿐이며, 테크놀로지에만 집중하여 우리가 나아갈 방향을 설정하지 못한다면 우리는 자기 분야의 기능인으로만 존재할 뿐이다.

말하기나 글쓰기의 1차적 교양을 제대로 갖춘 진정한 교양인은 어떤 한 분야의 전문가이면서 세상과 인생에 대한 전반적 이해가 가능한 존재여야 한다. 진정한 교양인은 또한 자신의 위치를 객관화할 수 있는 능력의 소유자이면서, 타자의 시선으로 자신을 볼 수 있는 힘이 있는 사람이다. 편견과 폭력이 없는 사회·전쟁이 없는 사회·가난과 차별이 없는 사회·남성과 여성이 다르지 않은 사회 등등이 교양 있는 사회의 덕목들이다. 이러한 이상적 사회를 꿈꾸는 교양인은 내면적으로 자유롭지만 풍부한 상상력으로 상대에 대한 감정이입이 가능하기 때문에 타인의 고통에 관심을 기울이며 그것의 개선책을 함께 고민하는 사람이다.

말하기의 핵심인 찬반 토론은 일종의 토의이다. 토의는 아직 사회적으로 미결 상태에 있는 현안이나 hot issue를 공론화하여 그것의 명확한 해답을 얻기 위한 하나의 과정과 형식을 통칭한다. 토의는 공동의 문제에 대하여 공동으로 생각하고, 즉 여러 각도의 의견 제출이 가능하기 때문에 투표 방식에 의한 다수결의 원칙에 따르기보다는 소수자의 견해도 서로 교환·반영될 수 있는 특징이 있다. 토의의 일종인 찬반 토론은 찬성(긍정)과 반대(부정)로 나뉘어 서로의 견해와 지식·정보·자료 등을 통한 논증적·논리적 검증을 거치는 말하기로, 합리적인 의사 결정을 이끌어내는 하나의 방법이다. 즉, 토론자와는 반대 의견을 가진 사람을 토론자의 견해 쪽으로 끌어들여 자기편으로 만드는 과정이다.

민주적인 형식과 절차를 중요하게 생각하는 토론의 목적은 민주 시민의 양성에 있다고 볼 수 있다. 그러나 우리나라 고등교육의 현실을 보면 토론에 대한 학습이나 훈련이 거의 이루어지지 않고 있다.

하지만 수다쟁이의 나라 프랑스에서는, 텔레비전 talk show와 같은 잡다한 주제의 토론이 커피 한 잔을 사이에 두고 일상적으로 이루어지고 있고, 미국에서는 고등교육뿐만 아니라 중등교육에서도 토론은 필수로 활성화되어 있으며 전국 규모의 토론대회도 다수 있다. 우리와 비슷한 처지에 놓인 일본에서는 토론문화가 그리 활성화되어 있지는 않지만 토론의 강자를 존중하는 사회 분위기가 조성되어 있다.

예전에는 권력이나 부와 같은 일방적인 힘에 의한 문제 해결이 우선했다면 앞으로는 찬반토론과 같은 쌍방향 커뮤니케이션의 핵심 역량을 토대로 한 문제 해결이 우선할 것이다. 사회와 사회 구성원이 점차 이익집단의 성격을 띠면서 토론의 중요성이 날로 부각되고 있다. 그런데 한 걸음 들어가 보면 결국 자신의 말로써 상대방을 설득하고자 하는 목적의식이 있을 뿐이다. 악용하지 않는다면 찬반토론이야말로 논리적 정당화를 통한 민주시민 양성에 기여할 것이며, 대학에서의 말하기 교육 과정 실전에 많은 도움을 줄 것이다.

토의에 포함되는 것은 찬반토론 외에도 심포지엄·패널토의·포럼·원탁토의 등이 있으며, 가장 많이 사용되는 토의의 종류는 아래와 같이 간략하게 정리할 수 있다.

> **찬반토론** : 처음부터 찬성 의견과 반대 의견으로 나뉘어져 시작하는
> 토론으로서 각 입장 당 4-5명 정도가 적당하다.
> 예) 사형제도, 혼전 동거 등.

포럼 : 고대 로마에서 시작된 '포럼'은 애초에 광장을 뜻하는 말이었는데 이후 공공의 장소에서 공공의 문제를 거론하는 토의를 지칭하게 되었다.

예) 동북아 미래 포럼, 교과서 포럼, 아시안 투어리즘 포럼, 한일학생 포럼, 포스트 서울 포럼, 인천 세계 환경 포럼 등.

심포지엄 : 권위자와 전문가들이 토의에 참여하여 자신들의 계통적·권위적 전문 지식을 청중에게 제공하는 것으로서 강연식 발표로 이루어지며, 발표가 끝난 후 청중이 질문할 수 있다. 예) 배아 복제, 방폐장 건립, 세계문학전집 번역 의의와 전망 심포지엄 등.

브레인스토밍 : 10명 이내의 인원이 토의에 참여하여 다다익선(多多益善)의 아이디어를 제출하는 토의로써 질보다는 양을 추구한다. 시급한 해결책이 요구되는 새로운 현안에 적용하여 토의할 수 있다.

예) 기생충 김치 파동, 구제역 발생 관련 문제 등.

계발식 토의 : speaker 1명이 정보와 지식·견해 등을 제시하고 청중의 참여를 유도하는 토의이다. 청중의 참여도에 따라 토의의 질이 달라져, 일방적 강의가 되기도 한다.

예) 대학 강의, 여러 가지 모든 논제들이 가능.

듣는 사람을 내 편으로 만들기

찬반 토론 말하기

찬반 토론 말하기는 한 학기 내내 진행이 가능한 하나의 교육 과정이 될 수도 있다. 집단토론 방식을 입시나 입사의 면접평가 방식으로 채택하고 있는 학교나 기업도 다수이다. 입학 시에는 실질적 대학 수학 능력을 평가하는 기준이 되고, 입사 시에는 회사 내에서의 창의성과 업무 능력 등등의 근무 활동성 등을 평가하는 기준이 된다. 몇몇 대학의 찬반 토론 대회는 수십 개 팀이 토너먼트 형식으로 승패를 가리는 방식으로 진행되는데, 논제는 1주일 전에 주어지며, 찬반팀 구성은 당일 추첨을 통하여 이루어진다. 60여 분 정도로 진행되며, 성적 산출은 논거의 참신성과 다양성·표현의 명료성 등을 본다.

다음은 하나의 예로써 사형제도 찬반 토론을 위한 실전 준비 과정이다.

논제 : 사형제도 폐지와 존속

● 사형제 찬반 '토론 쟁점'

1. 현재 우리나라는 사형제도 존치국이다. 하지만 최근 10년 이내에 단 한 건의 사형도 집행되지 않았기 때문에 사실상의 사형제도 폐지국이나 다름없다.
2. 사형제도 존치 시, 범죄 억제 효과는 몇 % 정도인가?
3. 흉악범 문제는 사형제도 존속으로 사라질 수 있는가?
4. 국민의 법 감정 상 사형제도의 폐지는 어떤 영향을 미칠 것인가?
5. 사형 자체의 비인도성은 법 감정과 어떤 관계에 놓일 수 있는가?
6. 오판 가능성과 오판 시 회복불능성은 어떻게 생각하는가? 오판으로 인한 피해자들이 발생하는 만큼 오판으로 인한 사형은 어떻게 보상받을 수 있는가?
7. 정치에 악용될 소지는 없는가?

● 사형제 찬반 '토론 쟁점'에 따른 또 '다른 토론 쟁점'

1-1. 사실상의 사형 폐지국인데도 사형제도 존속 폐지를 찬반 토론할 이유가 있는가?
2-1. 범죄 억제 효과가 낮다고 해도, 효과가 있다면 그것은 집행되어야 한다. 왜냐하면 수술 중 사망 가능성이 있는 경우의 환자라도, 치료 효과가 있다면 수술을 해야 하는 것과 같지 않은가?
3-1. 사이코패스 등 흉악범들이 사형당할 것을 두려워할까? 그들은 이미 자신의 목숨을 담보로 게임을 즐기듯이 살인을 하는 사람들이다. 그렇다면 사형제도가 그들의 범죄를 줄일 수 있는 방법은 될 수 없다. 문제는 어떠한 강력한 처벌로도 해결되지 않는 동물적 인간성(?)의 소유자들과 정신질환자들이기 때문에 그들을 예방하기 위한 방법은 DNA datebase를 확보해 사전 예방하는 것이 좋다?

4-1. 자신의 자식을 살해한 사람을 사형에 처해야한다고 주장하는 부모들이 많다. 그들이 가진 법 감정은 손에는 손, 이에는 이인가? 그래서 살인자가 사형을 당하게 된다면 그 부모들은 법 집행이 제대로 되었다며 죽은 자식을 잊고 살 수 있는가?

Tip

1. 찬반토론은 위와 같은 쟁점의 개념과 본질을 단계적으로 깊게 파고 들어가면서 논의를 확장하는 것이 유리하다. 위 쟁점들은 반박을 당하거나 다른 쟁점과 마찰을 빚을 수 있다. 그러나 피상적으로 '비인도적이어서 폐지해야 한다'는 주장은, 사형만이 비인도적이냐, 아프리카를 비롯한 제3세계의 아이들, 굶어 나뭇가지처럼 몸이 비틀린 아이들을 보면 무슨 생각이 드느냐는 반박을 피할 수 없는 것과 같다. 범죄자로서 사형을 기다리는 사람과 그 집행 현장의 비인도성보다 중요한 것은, 살아 있는 아이들의 '식물'과도 같은 생존의 모습이다. 찬반토론은 그 현장을 압도하면서 – 물론 논리적이어야 한다 – 듣는 사람들을 설득해야 하기 때문에, 무엇이 비인도적인지의 예를 적절히 들어야 '이긴다'.

Tip

2. 찬반토론 전날, 찬성 쪽이든 반대쪽이든 다음 영화 중 한편 정도는 보고 가는 것이 좋다. 「데드맨 워킹」, 「우리들의 행복한 시간」, 「집행」, 「그린마일」, 「어둠 속의 댄서」, 「숨」

Tip

3. 중요한 자료는 세계 각국과 우리나라의 통계 자료치이다. 물론 사형 관련 내용이다. 예를 들면 사형제도 존속 국가의 범죄율 발생 퍼센트와 폐지 이전과 이후의 범죄 발생률 변화 등등, 자신이 속한 그룹의 입장을 설명할 모든 자료를 한손에 쥐고 착석해야 높은 점수를 받는다.

프레젠테이션 디지털 시대의 새로운 커뮤니케이션, 프레젠테이션

프레젠테이션이란 자신의 주장이나 의견, 아이디어를 설명하여 청중(특정집단, 고객, 상사 등)에게 이해시키고 자신이 의도한 결과를 이끌어내는 발표 활동으로, 이미지나 영상자료 등 시각적 효과를 도입하여 문서로는 잘 전달할 수 없는 내용을 효과적으로 전달할 수 있는 장점 때문에 우리 주변에서 널리 사용되고 있는 말하기 방식이다.

최근에 기업의 비즈니스 현장을 비롯해 각종 학술발표나 심포지엄 등에서 활발하게 활용되고 있으며 교육 현장에서도 필수로 자리 잡고 있다. 문자 매체를 중심으로 한 발표와 수업보다는 영상이나 이미지를 삽입한 파워포인트를 활용한 방식이 전달력과 효율성이 높기 때문이다. 또 국민들의 민주적 정치의식의 보편화와 개방적 사회 분위기를 반영하여 공공기관들도 밀어붙이기식 권위주의 행정에서 벗어나 공청

회 등을 통해 여러 국민들의 의견을 수렴하거나 행정계획을 공고할 때 프레젠테이션을 활용하기도 한다. 이처럼 프레젠테이션은 이제 우리가 언제 어디서나 접할 수 있는 친숙하고 보편적인 발표방식이 되었다. 이러한 상황은 그만큼 현대 사회가 우리에게 뛰어난 프레젠테이션 능력을 요구하고 있다는 것을 의미한다.

다시 말해 프레젠테이션은 디지털 시대의 새로운 커뮤니케이션 방법으로 현대 사회에서 누구에게나 필요한 필수적인 능력이라 해도 과언이 아니다. 특히 IT 기술의 발전과 글로벌한 경제의 성장으로 기업 간의 경쟁이 치열해지는 요즘, 기업에서 프레젠테이션이 차지하는 위상은 절대적이다. 하루가 다르게 변화하는 고객의 취향과 시장정보를 빠르게 이해하고 습득하기 위해 기업은 프레젠테이션을 통해 새로운 정보나 신기술을 공유한다. 또한 투자 유치나 신제품 설명회, 영업 시장을 확보하기 위한 수주(受注) 경쟁을 할 때에도 프레젠테이션을 통해 거래처나 관계자와의 커뮤니케이션을 한층 강화한다. 그래야만 많은 투자자를 끌어들이고 판매나 영업을 통해 기업이 성장할 수 있기 때문이다. 일례로 우리가 잘 알고 있는 MS사의 빌게이츠 회장이나 애플 컴퓨터의 스티브 잡스 회장은 신제품을 홍보하는 효과를 극대화하기 위해 CEO가 직접 프레젠테이션을 진행하기도 한다. 이러한 추세는 국내 기업에서도 점차 확산되는 분위기이다.

현대 사회에서 프레젠테이션의 위상이 이렇게 급부상한 이유는 바로 프레젠테이션이 지닌 쌍방향적인 커뮤니케이션 방식에 근거한다,

여러 시청각적인 자료를 통해 프레젠테이션은 다른 발표 방식에 비해 청중의 교감을 얻는 데 용이하다. 표, 그래프, 간략한 핵심 문구로 구성된 PT보드는 바쁜 현대인들에게 단시간에 발표자가 전달하고자 하는 메시지를 전달한다. 신속하고 효율적으로 메시지를 전달할 수 있는 프레젠테이션은 여러 시청각적인 디지털 매체가 쏟아지는 이 시대에 발빠르게 대응한 매우 중요한 커뮤니케이션이라고 볼 수 있다.

상품을 팔 것인가 감동을 팔 것인가

프레젠테이션의 궁극적 목적은 상품이나 기획안을 인상적으로 전달하여 청중을 설득시키는 것이다. 하지만 제품이나 기획에 대한 설명만으로 청중에게 강한 인상을 남기지 못한다. 청중을 사로잡기 위해서는 발표 내용을 지루하게 나열하기보다는 강하게 어필할 수 있는 것들이 필요하다.

청중의 마음을 사로잡을 수 있는 '감동'이 필요한 것이다. 감동은 영화나 드라마, 음악, 문학 등에서만 얻을 수 있는 것이 아니다. 충실한 준비와 철저한 연습을 통해 발표자가 멋지게 소화해낸 프레젠테이션은 한 편의 잊지 못할 연극과 같다. 성공하는 프레젠테이션은 노골적인 상품이나 기획안의 홍보에 머무르지 않는다.

세계적으로 뛰어난 프레젠터로 손꼽히는 스티브 잡스의 프레젠테이

선에는 다른 프레젠테이션과 변별되는 특별한 것이 있다.

애플 제품을 홍보하기 위해 그가 가장 주안점을 두는 것은 청중의 감동이다. 청중의 감동을 유도하기 위해 그는 철저한 전략 아래 프레젠테이션을 기획하고 연출한다. 이러한 철저한 준비를 통해 탄생된 스티브 잡스의 프레젠테이션을 들으며 청중은 애플 제품의 매력에 **빠져든**다. 이처럼 청중의 마음을 움직이는 감동은 프레젠테이션에서 결정적 역할을 하고, 이는 곧 회사의 막대한 이윤창출로 이어진다.

사례 분석　스티브 잡스의 프레젠테이션

① 인상적 화제제시

"Job's started saying …… There is something in the 'air' today. ……The ultrathin MacBook 'Air' Laptop."

'맥북 에어'의 발표회에서 스티브 잡스는 "오늘 공중(air)에 무언가가 있습니다." 라며 말문을 열었다. '공중', 즉 '에어(air)'라는 단어를 서두에 써 곧 소개할 맥북 에어를 미리 소개한 것이다.

② 제품에 대한 열정의 표출

청중의 몰입을 유도하기 위해서는 제품에 대한 발표자의 자부심과 열정을 적극 표출해야 한다.

③ 전체적 틀의 개관

본격 설명에 들어가기 전, 먼저 오늘 무슨 이야기를 할지 청중에게 분명히 전달한다. 예를 들어 "오늘 제가 말씀 드리고 싶은 것은 4가지입니다."라는 식으로 전체 윤곽을 개괄해준다.

스티브 잡스식(式) 프레젠테이션 십계명
① 프레젠테이션의 화제를 제시하라
② 제품에 대한 발표자의 열정을 드러내라
③ 프레젠테이션의 전체적인 윤곽을 제시하라
④ 숫자를 의미 있게 만들라
⑤ 청중이 잊지 못할 순간을 만들라
⑥ 시각적인 슬라이드를 만들라
⑦ 멀티미디어를 활용해 '쇼'를 제공하라
⑧ 작은 실수에 어리둥절해하지 말라
⑨ 제품의 이점을 확실히 홍보하라
⑩ 연습하고 연습하고 또 연습하라

'잡스'식 프레젠테이션
메시지 전달은 간결하게 하라
전체 정보의 10% 정도만 명확하게
말하고, 추가 정보는 질의응답으로

PT 화면은 최대한 심플하게
잡다한 내용을 다 적기보다
핵심만 선명하게

발표는 극적인 효과를 노려라
작은 크기를 강조하기 위해
'아이팟 나노'를 청바지에서 꺼낸 사례

④ 숫자에 대한 의미부여

스티브 잡스는 아이폰 출시 이후 400만 개가 팔렸다는 이야기를 하며, "하루 평균 2만 개 꼴"이라고 덧붙였다. "400만 개"라는 숫자는 보통 사람들에게 쉽게 다가오지 않는 숫자이기 때문이다.

⑤ 잊지 못할 순간의 연출

스티브 잡스는 세상에서 가장 얇은 노트북을 소개하기 위해 들고 있던 서류봉투에서 맥북 에어를 천천히 꺼냈다. 이런 연출된 퍼포먼스 때문에 굳이 그는 "서류보다 얇은 노트북"이라는 설명을 할 필요가 없었다.

⑥ 시각자료의 극대화

PT보드는 한 눈에 이해하기 쉽도록 문자를 극소화하고 데이터, 차트, 이미지 등으로 구성한다.

⑦ 쇼의 연출
스티브 잡스의 프레젠테이션은 영상과 모의 테스트 등을 곁들여 마치
쇼를 보는 듯한 착각을 불러일으킨다.

⑧ 작은 실수는 잊기
실수를 했을 경우 당황하지 말고 여유 있게 웃으면서 농담으로 넘겨
야 한다.

⑨ 장점을 팔기
스티브 잡스는 제품이나 서비스의 장점을 잘 전달한다.

⑩ 리허설, 리허설, 또 리허설
연습은 프레젠테이션을 성공적으로 이끄는 지름길이다. 스티브 잡스
의 프레젠테이션은 끊임없는 연습에 바탕을 둔다.

면접은 당신을 보여주고 들려주는 일이다

<면접>

바야흐로 현대는 스펙의 시대다. 모든 구직자들은 취업하기 위해서 토플이며 토익, 외국어 구사 능력, 관련 직종에 필요한 자격증, 여러 기업에서의 인턴십 등을 갖추느라 대학생활의 절반 이상을 할애하고 있다. 취업에서 다양한 스펙은 충분조건이 아니라 필요조건이 되어 버린 것이다. 그러나 그 화려한 스펙에도 불구하고 당신은 번번이 취업에서 실패하기 쉽다. 면접 때문이기도 하다.

취업 전형에서 면접이 가장 중요하다고 할 수 없지만, 개인의 모든 면모가 한꺼번에 드러나기에 그 중요도가 높다고 하지 않을 수 없다. 하지만 면접도 이미 매뉴얼이 있어 누구나 그 대비를 쉽게 할 수 있다고 생각한다. 미리 연습만 하면 심사위원들 앞에서 단정한 자세로 분명하게 입사 동기와 업무지식을 말할 수 있을 것으로 자신을 위로하거나 격려한다. 그러나 면접에서 실패하기 쉽다. 어떻게 해야 할 것인가?

당신이 놓친 것은 무엇일까. 바로 충분조건이 필요하다. 면접매뉴얼, 이것에 하나 더 추가되어야 하는 것이 있다. 누구나 할 수 있는 것 외에 바로 당신만의 것, 당신만이 할 수 있는 것이 필요하다. 그것은 당신을 보여주고 들려주는 일이다. 당신을 보여주고 들려주는 기술, 그것이 바로 면접의 기본이다. 면접훈련은 여기서부터 시작하여야 한다.

면접을 잘 준비하면 아래와 같은 영향을 면접관에게 준다.

- 내용과 표정, 뉘앙스 그리고 설득력에서 전반적으로 진솔함을 느끼게 한다.
- 지난 노력이 간결하게 요약되어 일정한 방향성을 느낄 수 있게 한다.
- 표현력에서 입에 익지 않은 부분이 적고, 되도록 자기 자신의 지적, 정서적 범주 안에서 구사되는 느낌을 준다.
- 자연스러움이 녹아 있기 때문에 다소 막히는 부분이 있어도 긍정하게 된다.
- 작위적인 내용이나 거짓 정보가 없는 듯해 지원자의 솔직한 자신감을 느끼게 한다.
- 지원자의 동작과 언어 구사가 정확하다고 여기며 대화체의 표현방식에서 친근감을 느낀다.
- 답변이 중간에 끊어지거나 논리가 헝클어져도 지나치게 평가 절하하지 않는다.

하지만 기존 매뉴얼대로만 외워 답변하면 아래와 같은 인상을 준다.

- 다소 작위적이고 부자연스러운 흐름이라고 느낀다.
- 방향성이 없고 일정한 시기에만 집중되며 과장한다고 느낀다.
- 개인의 지적인 능력의 범위를 벗어났으며 실제 경험에서 우러나지 않은 조제된 어구와 말투를 느낀다.
- 거짓 정보를 지속적으로 전달하는 맥락을 유지한다고 느낀다.
- 입으로 하는 말과 신체 언어가 맞지 않아 어색하게 느낀다.
- 관련 질문에 답변하는 지원자에게서 지원자가 당황하고 불안해한다고 느낀다.

(정희석, 『인사부장이 알려주는 인터뷰 시크릿』)

면접 자기소개에는 드라마가 있어야 한다

흔히 사람의 첫인상은 3초 내에 결정된다고 한다. 그 3초를 지배하는 요인은 여러 가지가 있을 것이다. 지원자의 인상, 복장, 자세 등이다. 하지만 문제는 그 3초 이후다.

우선 숙지해야 할 것은 당신은 완벽한 인간이 아니라는 사실을 받아들여야 한다. 사람들은 자신이 완벽하길 바라고, 첫인상에서 타인에게 긍정적인 호감을 이끌어 내기를 바라지만 대부분은 실패한다. 이유는 무엇일까. 간단하다. 자신에 대한 기대치를 너무 높게 가지고 있기 때문이다. 면접장은 살벌한 곳이다. 화기애애한 면접이 1%라면, 99%의 면접은 무표정이나 딱딱한 얼굴로 당신을 바라보는 면접관들이 앉아 있는 곳이다. 정우성이나 김태희가 아닌 이상 3초 내에 면접관들의 눈동자와 표정을 달라지게 할 수는 없다. 불행하게도 우리는 모두 정우성이나 김태희가 아니다. 그러므로 3초 이후부터 실제로 면접관들은 당신을 파악하기 시작한다. 그 첫 번째가 바로 자기소개다. 자기소개에서 성공한다면 이후부터는 조금 편안하게 당신의 특기와 적성을 어필할 수가 있는 것이다.

그렇다면 어떻게 해야 할까. 앞에서 말했던 것처럼 새롭지 못한 자기소개는 잊어야 한다. 중요한 것은 면접관들에게 "어! 이 사람 첫인상과는 다른 면이 있군", "생긴 것과는 다른 면이 있어"라는 인상을 불러일으켜야 한다는 것이다. 그러기 위해서는 극적인 자기소개가 필요하다. 당신이 어느 학교를 졸업했으며, 어떤 학위를 가지고 있고, 어떤 자격증을 가졌는지 등의 사실을 죽 나열하는 자기소개는 아무런 효과가 없다. 그것은 이미 면접관이 들고 있는 「이력서」와 「자기소개서」에 다 기재되어 있다. 그 모두를 말하려고 할 필요가 없다.

우선 「이력서」와 「자기소개서」에 있는 사항 중에서 당신이 가장 자신 있게 말할 수 있는 한 가지를 선택하라. '구체적인 경험'이 들어 있어서 당신이 가장 자연스럽게 이야기할 수 있는 것이면 좋다. 또한 어려운 상황을 극복했던 경험이면 더욱 좋다. 그래서 당신이 어떻게 그 어려운 상황을 극복하고 그것을 성취해냈는지를 설명하고, 해당 기업에서도 마찬가지로 동일한 성과를 낼 수 있는 인간형임을 제시해야 한다.

대화 상대의 말을 경청하고 상대가 내 말을 경청하게 하라

의사소통의 모든 국면에서 경청은 가장 중요한 요소이다. 효과적인 설득은 다른 사람의 말을 들어주는 태도와 능력에서 시작된다고 해도 과언이 아니다. 경청은 다른 사람이 말할 때 평상심으로 있는 것이 아니라 상대의 생각과 감정, 행동을 이해하고자 하는 의지로 진심으로 귀 기울이는 것이다. 경청하는 방법을 살펴보자.

(1) 말을 가로채지 마라. 상대가 하는 말을 방해하지 않는 것이 무엇보다 중요하다. 그의 말을 대신 끝마쳐서도 안 된다.

(2) 섣부른 판단으로 너무 빠른 충고나 조언을 하지 마라.

(3) 듣고 있다는 리액션을 해주어라. 고개를 끄덕이고 상대의 말을 정리해서 알기 쉽게 들려준다면 금상첨화이다.

사람은 단순한 듣기와 귀 기울여 듣기를 혼동한다. 귀 기울여 들으면 친구의 자격을 얻게 되고 업무관계에서도 서로 더 잘 이해하게 된다. 게다가 신중하게 들으면 함축된 뜻과 상대방의 처지에 대해 더 많은 정보를 얻을 수도 있다.

사람의 집중력에는 한계가 있다. 시간의 경과는 집중력을 떨어뜨린다. 당신의 말을 주목하게 만드는 특별한 방법이 필요한 이유이다.

(1) 자리를 옮겨라. 자신에게 익숙한 자리나 산만한 자리는 피하고 집중에 도움이 되는 곳으로 자리를 옮기는 것만으로도 도움이 된다.

(2) 단절을 피하라. 상대가 흥미를 계속 이어갈 수 있도록 관심을 유도해야 한다. 연속극처럼 궁금증을 일으키는 방법도 좋다.

(3) 핵심을 먼저 말하라. 계속해서 주목받기 위한 황금률이 있다. 말하려는 내용을 소개하고, 내용을 말하고, 말한 내용을 요약하는 것이다.

> 말하려는 내용 소개하기 ……> 말하기 ……> 말한 내용 요약하기

사람은 들은 내용의 약 40% 정도만 받아들인다는 연구 결과가 있다. 이 방법을 훈련하면 주목 받으면서 내용을 효과적으로 전달하는 데 도움이 된다.

비언어적 메시지에 주의하고,
대화 상대의 이름을 꼭 챙겨라

커뮤니케이션이란 단순히 말하고 듣는 행위로만 이루어지는 게 아니다. 비언어적인 방식으로도 감정을 표현할 수 있다. 일명 바디랭귀지이다. 말을 대신해서, 말을 강화하기 위해서, 기분을 드러내기 위해서 우리는 바디랭귀지를 사용한다. 말을 하는 사람은 물론 말을 듣는 사람도 이 바디랭귀지를 사용하게 된다.

(1) 준언어적 요소인 성량, 말의 속도, 말투나 억양 등도 중요하다.
(2) 바디랭귀지를 자기 마음대로 해석하지 마라.
(3) 입에서 나오는 말과 표정이 일치할 때 상대는 신뢰감을 느끼게 된다. 열정을 말하면서 초조해하는 표정이라면 어떠한가?
(4) 웃음을 활용하라. 웃음은 가상 좋은 비디랭귀지이다. 거울을 보

면서 순수한 미소를 연습하라. 익숙하지 않을 것이다. 그러나 자신이 어떤 표정을 짓는지 알고 있어야 한다.

(5) 눈맞춤을 하라.

(6) 몸짓을 잘 활용하라. 단 버릇은 주의해야 한다. 자신의 신체 일부를 만지는 버릇, 팔짱을 끼는 버릇 등은 상대의 집중을 분산시키는 요인이므로 고치는 것이 좋다.

상대의 신상 정보를 기억하는 것은 대화 내용과 관계가 없어도 대화의 진전과 목표 달성에 많은 도움을 준다. 특히 이름을 기억하는 것은 중요한 일이다. 관심을 갖고 주의력을 높여 이름을 꼭 기억하자. 한번 만난 사람을 다시 만났을 때 이름을 기억하고 있다면 상대는 소중한 사람으로 취급되는 느낌을 받을 것이다.

(1) 분명하게 이름을 들어라. 정확하게 듣지 못했다면 "죄송합니다. 다시 말씀해 주시겠습니까? 못 들었습니다."라고 말하는 것이 낫다.

(2) 이름을 들으면 반드시 얼굴과 일치 시켜라.

기억력을 높이기 위해 소리 내어 반복 암송, 연상하기, 메모 등을 통한 기억 자극의 방법을 동원해도 좋겠다. 중요한 것은 관심이고 자세인 만큼, 연습하면 기억의 능력은 좋아지기 마련이다.

부 록

●●●

- ◉ 우리말 바로 쓰기
- ◉ 문장부호

◉ 우리말 바로 쓰기

이 선 영*

무슨 일이든 깊은 관심을 두지 않고 대충 알려고 하면 그 무지(無知)가 주는 불편함을 느끼지 못한다. 오히려 안락하기까지 하다.

우리말 바로 쓰기도 이와 다르지 않다. 대부분의 사람들은 대강의 말하기와 대강의 글쓰기로도 의사소통에 지장을 받지 않고 살아갈 수 있어 그것으로 충분하다고 생각한다. 한국 사람이 한국말을 하는 일이 무슨 어려움이 있겠는가라고 국어를 만만하게 생각하고 또 쓰고 있는 것이다. 그러나 단정적으로 말해서 국어는 어렵다. 올바르게 말하기가 어렵고 올바르게 글쓰기가 어렵다. 그러므로 국어도 외국어를 공부하는 것과 마찬가지로 사전을 찾아가며 써야 하는 것이다.

잘못 쓰는 말

대체로 말하기에 잘못이 있으면 글쓰기의 잘못으로도 이어진다. 평소 말하던 대로 쓰려고 하기 때문이다. 올바르지 않은 쪽으로 길들여진 말하기 습관이 올바른 글쓰기를 방해하는 것이다. 우선, 의미의 섬세한 차이에 따라 구별해 써야 하는 말들을 찾아보기로 하자.

---

* 이선영(李宣始, 1964~) : 시인. 한국경제신문사 교열기자. 대표시집 『오, 가엾은 비눗갑들』.

맞히다	맞추다
답을 맞히다.	사람 수에 맞춰 음식을 준비하다.
화살을 과녁에 맞히다.	비위를 맞추다.
알아맞히다.	날씨에 맞춰 옷을 입다.

다르다	틀리다
사랑하는 방식은 다 다르다.	계약서의 내용과 틀리다.
작품을 읽고 나니 새삼 그가 다르게 보인다.	그 두 사람 사이는 이미 틀렸어.
쳐다보는 눈빛이 예전과는 다르다.	

갱신	경신
다시 새롭게 함.	고쳐서 새롭게 함.
면허 갱신. 계약 갱신.	기록 경신.

작다	적다
크기, 규모, 부피, 치수, 소리 따위가 보통 정도에 못 미치다.(반 크다)	분량이나 수효가 일정한 기준에 이르지 못하다. (반 많다)

개발	계발
개척하여 발전시킴. (물리적으로 이루어 냄) 기술 개발. 국토 개발.	지능 정신 따위를 깨우쳐 열어 줌.(잠재된 자질 이끌어 냄) 소질 계발.

늘리다	늘이다
양이나 크기, 넓이를 늘어나게 하다. 재산을 늘리다. 땅을 늘리다.	아래로 길게 처지게 하다. 커튼을 늘이다.

벌리다	벌이다
팔을 벌리다. 입을 벌리다.	잔치를 벌이다. 장사를 벌이다.

메다	매다
어깨에 메다. 가방을 메다. 총을 메다.	허리띠를 매다. 끈을 매다. 빨랫줄을 매다.

쟁이	장이
사람의 성질, 독특한 습관, 행동, 모양 등을 나타 내는 말에 붙어 그 사람을 홀하게 이르는 뜻. 욕쟁이, 심술쟁이, 욕심쟁이, 고집쟁이.	수공업적인 기술자를 말함. 대장장이, 옹기장이, 미장이.

바라다	바래다
기원, 염원, 소원의 의미. 행복을 바라다.	퇴색의 의미. 빛이 바래다. 색이 바래다.

띄다	띠다
눈에 띄다.	활기를 띠다. 색채를 띠다.

~로서	~로써
자격, 입장, 위치. 자식으로서 해야 할 도리. 나로서는 어쩔 수 없다.	수단, 방법. 타이름으로써 감화시키다. 글로써 대신하다.

체(척)	채
못본 체 지나가다. 얌전한 체하다.	옷을 입은 채 자다. 문을 열어 둔 채 나오다.

다음은 잘못된 언어 습관이나 잘못 습득한 맞춤법 지식으로 인해 글자 자체를 잘못 표기하고 있는 경우이다.

바른 말	틀린 말
헤매다	헤메다
가능한 한	가능한
절체절명	절대절명
치르다	치루다
내로라하다	내노라하다
삼가다	삼가하다
멀지않아	머지않아
며칠	몇일
앙증스럽다	앙증맞다
귀띔	귀뜸
비로소	비로서
쑥스럽다	쑥쓰럽다
찰나	찰라
으름장	으름짱
팔짱	팔장
빈털터리	빈털털이

바른 띄어쓰기

띄어쓰기는 단순 규칙에 의해 지배되는 듯하면서도 실제에 있어서는 함정이 많다. 특징적인 몇 가지 경우에 대해서 살펴보자.

(1) '데, 바, 뿐, 수, 지' 등이 불완전명사로 쓰일 때에는 모두 띄어
쓴다.

- 그의 마음을 돌리는 **데** 실패했다.
  (불완전명사로서 그의 마음을 돌리는 일에 실패했다는 뜻)
- 그렇게 노력했는**데** 그만 실패했다.
  ('-했지만'으로 바꿔 쓸 수 있는 단순한 연결형 어미)

- 나는 그런 말을 들어본 **바**가 없다.
  (불완전명사로 쓰인 경우로 들어본 적이 또는 들어 본 일이 없다는 뜻)
- 내가 들어**본바** 소문 그대로였다.
  (들어보니 소문 그대로였다는 뜻의 연결형 어미)

- 잠이 올 **뿐** 아니라 배고프기까지 하다.
  (잠이 온다는 앞의 문장을 받는 불완전명사 '뿐')
- 잠이 올 **뿐더러** 배도 고프다.
  (연결형 어미 '-ㄹ뿐더러')

- 이제 그를 만날 **수** 없게 되었다.
  (불완전명사 '수')
- 그를 만**날수록** 깊이 빠져들어 갔다.
  (연결형 어미 '-ㄹ수록')

- 떠나온 **지** 얼마나 되었을까?
  (시간의 경과를 함의한 불완전명사)
- 얼마나 멀리 **왔는지** 모르겠다.
  (연결형 어미 '-ㄴ지')

2) '한번'의 띄어쓰기

- 사람이 한 번 죽지 두 번 죽는가

  (한 번, 두 번, 세 번 등으로 차례나 일의 횟수를 나타내는 경우에는 띄어 쓴다.)

- 되든 안 되든 한번 해보자,

  그 영화를 한번 본 사람이라면 그 배우의 이름을 잊지 못한다

  ('한번'이 '일단'이라는 의미의 부사어로 쓰인 경우에는 붙여쓴다.)

3) '십만 원'의 띄어쓰기

'한글맞춤법'에서는 숫자를 한글로 적을 경우 '만' 단위로 띄어 쓰도록 규정하고 있다.(십칠억 이천이백삼십칠만 팔천오백사십 원)

단위 명사 '원'은 '1,000원, 2,000원' 등 숫자와 어울려 쓰이는 경우 외에는 띄어 쓰는 것이 원칙이다.

4) '만하다'의 띄어쓰기

'듯하다, 만하다, 법하다, 성싶다, 척하다' 등은 '알 듯하다, 알 만하다, 알 법하다, 알 성싶다, 아는 척하다'와 같이 띄어 쓰는 것이 원칙이다. 그러나 한글맞춤법에는 붙여쓰는 것도 허용하고 있다.

5) '및, 등, 내지, 겸, 따위'는 띄어 쓴다.

사장 및 임직원. 책상 걸상 등이 있다. 사흘 내지 나흘. 회장 겸 대표이사.

6) 고유명사의 띄어쓰기

'한국토지개발공사'를 예로 들면 고유 명사는 낱말별로 띄어 쓰는 것을 원칙으로 하되 단위별로 띄어 쓸 수 있다. 즉 '한국 토지 개발 공사'로 쓰되 단위

명사로 '한국토지개발공사'라고 붙여쓰는 것이 허용된다. 전문 용어의 경우에
도 붙여 쓸 수 있다.(배관설비공사)

사이시옷 바로 쓰기

사이시옷을 넣느냐 넣지 않느냐 하는 것은 혼란을 불러일으킬 수 있는 문
제이다. 현재 한글맞춤법에서는 사이시옷을 받쳐 적는 경우를 크게 두 가지로
규정하고 있다.

1) 우리말끼리의 결합에서 앞말이 모음으로 끝난 경우에
   - 뒷말의 첫소리가 된소리로 날 때
     나뭇-가지(-까-). 맷-돌(-똘). 나룻-배(-빼). 조갯-살(-쌀).
   - 뒷말의 첫소리 'ㄴ, ㅁ' 앞에서 'ㄴ' 소리가 덧날 때
     아랫-니(-랜-). 시냇-물(-낸-).
   - 뒷말의 첫소리 모음 앞에서 'ㄴㄴ' 소리가 덧날 때
     뒷-일(뒨닐). 깻-잎(깬닙).

2) 순 우리말과 한자말의 결합에서 앞말이 모음으로 끝난 경우에
   - 뒷말의 첫소리가 된소리로 날 때
     샛-강(-깡). 햇-수(-쑤).
   - 뒷말의 첫소리 'ㄴ, ㅁ' 앞에서 'ㄴ' 소리가 덧날 때
     제삿-날(-산-). 수돗-물(-돈-).
   - 뒷말의 첫소리 모음 앞에서 'ㄴㄴ' 소리가 덧날 때
     예삿-일(-산닐). 훗-일(훈닐).

위 두 가지 결합에 해당하는 경우에도 'ㄲ, ㄸ, ㅃ, ㅉ'이나 'ㅋ, ㅌ, ㅊ, ㅍ' 앞에서는 사이시옷을 받쳐 적지 않는다. 또한 한자말끼리의 결합인 경우에도 사이시옷을 넣지 않는다. 단, 다음의 여섯 낱말은 예외로 인정한다.

곳간(庫間) 셋방(貰房) 숫자(數字) 찻간(車間) 툇간(退間)
횟수(回數)

기타 잘못 쓰이는 사이시옷의 경우를 묶어 본다.

바른 말	틀린 말
갈비뼈	갈빗뼈
위쪽	윗쪽
아래쪽	아랫쪽
뒤편	뒷편
위층	윗층
뒤처리	뒷처리
셋째	세째
넷째	네째
대가(代價)	댓가
머리말	머릿말
인사말	인삿말

두음법칙

1) '~율'과 '~률'

'ㄱ'이나 'ㅂ, ㅇ' 받침 뒤에서는 '률'로 써야 하며(확률, 법률, 상승률, 수익률 등), 받침이 없거나 'ㄴ' 받침 뒤에서는 '율'이 된다.(미율, 선율, 지분율, 점유율 등)

2) 남녀공학, 남녀노소 등에서 남녀(男女)는 '남여'로 쓰지 않는다.

3) '년도'와 '연도'

1999년도, 2000년도 등 숫자 뒤에서는 '년도'로 쓴다. 그러나 다음과 같은 경우에는 '연도'로 쓴다.(회계연도, 결산연도, 연도별 통계 등)

▶ 부사에 붙는 접미사 '-히'와 '-이'의 구분

히	이
톡톡히	깊숙이
솔직히	간간이
꼼꼼히	틈틈이
열렬히	누누이
묵묵히	점점이
변변히	낱낱이
만만히	깨끗이

'-히'를 붙일 것인가, '-이'를 붙일 것인가 하는 것은 까다로운 문제이다. 구분할 수 있는 방법은 두 가지가 있다. 일단은 '-하다'가 성립되는 동사나 형용사 뒤에는 '-히'를 붙인다(솔직하다, 꼼꼼하다). 그러나 'ㅅ' 받침 뒤에서는 '-이'를 붙인다(깨끗하다→깨끗이).

외래어 표기 문제

1) 된소리(ㄲ, ㄸ, ㅃ, ㅆ, ㅉ)를 쓰지 않는다.

빠리 → 파리   꼬냑 → 코냑

도꾜 → 도쿄   쌩 떽쥐베리 → 생 텍쥐베리

까페 → 카페   후꾸오까 → 후쿠오카

미셸 깡드쉬 → 미셸 캉드쉬   삐에로 → 피에로

쮜리히 → 취리히   아뜰리에 → 아틀리에

단, 중국어의 'ㅉ'과 일본어의 'ㅆ'은 허용한다.

마쓰시타, 미쓰이, 장쩌민(江澤民), 마오쩌둥(毛澤東)

2) 장모음을 쓰지 않는다.

윈도우 → 윈도   비인 → 빈

섀도우 → 섀도   셀룰로오스 → 셀룰로스

튜울립 → 튤립   도우넛 → 도넛

튜우브 → 튜브   야아드 → 야드

3) 단모음으로 대체할 수 있는 이중모음 ㅑ, ㅕ, ㅛ, ㅠ를 쓰지 않는다.

비젼 → 비전   쥬스 → 주스

주니어 → 주니어   몽타쥬 → 몽타주

쟈마이카 → 자마이카   쥴리어드 → 줄리어드

부르죠아 → 부르주아   쥬라 → 쥐라

4) 받침표기는 대체로 풀어 쓴다.

플롯 → 플루트   케잌 → 케이크

테입 → 테이프   스탭 → 스태프

네트웍 → 네트워크   스왑 → 스와프

선물셋 → 선물세트   홀몬 → 호르몬

스트라익 → 스트라이크   스카웃 → 스카우트

그러나 티켓, 로봇, 로켓, 라켓, 포켓, 파일럿, 재킷, 알파벳, 아웃 등은 예외이다.

5) 영어의 발음기호 〔ə〕는 우리말의 '아'가 아닌 '어'로 받는다.

center[séntə], terminal[tə́:minəl], rotary[róutəri], national[nǽʃnəl] 등은 그러므로 센타→센터, 터미널→터미널, 로타리→로터리, 내셔날→내셔널로 적는다.

우리말 속의 일본말

우리말에는 놀라울 정도로 일본말이나 일본식 외래어, 일본식 한자말이 들어 있다. 그 말들은 오랫동안 구전(口傳)되어 오고 있어 전혀 부자연스럽지 않고 오히려 그 말을 쓰지 않으면 불편할 지경이다. 우리가 잘 모르고 쓰는 일본말들을 찾아보기로 한다. 괄호 안은 적합하게 바꿔 쓸 수 있는 우리말이다.**

1) 순일본어

고데(지짐머리)	곤로(화로)	곤색(진남색, 감청색)
곤조(근성, 성깔)	구루마(손수레)	기마이(한턱냄, 선심, 호기)
기스(흠, 상처)	낑깡(금귤, 동귤)	나가리(허사, 무효)
나래비(줄서기)	노가다(노무자, 막노동꾼)	다꽝(단무지)
다대기(다진 양념)	다라이(큰대야, 함지박)	다마네기(양파)
단도리(준비, 단속)	뗑깡(생떼, 어거지)	마호병(보온병)
몸뻬(일바지, 허드렛바지)	무데뽀(막무가내, 무턱대고)	분빠이(분배)
삐까삐까(번쩍번쩍)	사꾸라(벚꽃, 사기꾼, 변절자)	소데나시(민소매)

** 박숙희, 『우리말 속 일본말』(한울림, 1996) 참고.

쇼부(결판, 승부) 시다(조수) 신삥(새것)
쓰메끼리(손톱깎기) 아나고(붕장어) 앗싸리(시원스럽게)
야끼만두(군만두) 에리(옷깃) 오뎅(생선묵)
오봉(쟁반) 와리바시(나무젓가락) 와사비(고추냉이 양념)
요지(이쑤시개) 우와기(윗저고리) 유도리(융통성, 여유)
입빠이(가득, 한껏) 짬뽕(뒤섞음) 찌라시(선전지)
쿠사리(핀잔, 꾸중) 하꼬방(판잣집) 후까시(부풀이, 힘)

2) 일본식 한자어

가봉(시침질) 가처분(임시 처분) 각서(다짐글, 약정서)
거래선(거래처) 건폐율(대지 건물 비율) 검사역(검사원)
검침원(계량기 조사원) 견습(수습) 견적(어림셈, 추산)
견출지(찾음표, 찾아보기표) 결석계(결석 신고서) 고수부지(둔치 강턱)
고참(선임자, 선참자) 공장도 가격(공장값) 구좌(계좌)
궐석재판(결석재판) 급사(사환) 기라성(빛나는 별)
기합(혼내기, 벌주기) 납기(내는 날) 납득(이해)
낭만(로망) 내역(명세) 담합(짬짜미)
대금(값, 돈) 대절(전세) 대합실(기다리는 곳)
도합(합계) 매립(메움) 매물(팔 물건)
매점(가게, 구멍가게) 맥고모자(밀짚모자) 명일(이튿날, 내일)
민초(백성, 민중) 백묵(분필) 부락(마을, 동네)
부지(터, 대지) 사물함(개인물건함, 개인보관함) 생애(일생, 평생)
선착장(나루터) 세대(가구, 집) 세면(세수)
소하물(잔짐) 수당(덤삯, 별급) 수순(차례, 순서)
수취인(받는 이) 승강장(타는 곳) 시말서(경위서, 전말서)
식상(싫증남, 물림) 신병(몸, 신상) 십장(감독, 반장, 조장)
십팔번(애창곡) 애매(모호) 언도(선고)
엔고(엔화상승) 역할(구실, 소임) 오지(두메 산골)

유휴지(노는 땅)	육교(구름다리)	이조(조선)
인상(올림)	임파선(림프샘)	입장(처지)
잔고(잔액 나머지)	절취선(자르는 선)	정종(청주)
지분(몫)	차출(뽑아냄)	천연두(마마)
천장(천장)	체념(단념, 포기)	촌지(돈봉투)
추월(앞지르기)	축제(잔치, 축전)	출산(해산)
할증료(웃돈 추가금)	혜존(00님께 드립니다)	혹성(행성, 유성)
회람(돌려보기)		

3) 일본식 외래어

난닝구(런닝 셔츠)	다스(묶음)	뎀뿌라(튀김요리)
도란스(변압기)	돈까스(포크 커틀릿)	레미콘(양회반죽차)
레자(인조가죽)	레지(다방 여종업원)	리모콘(원격조종기)
만땅(가득채움)	맘모스(매머드 대형)	메리야스(속옷)
멘스(월경 생리)	미싱(재봉틀)	백미러(반사거울, 뒷거울)
보루(판지)	빠께스(양동이, 들통)	빠꾸(후진)
빵꾸(구멍)	뻬뻬(샌드페이퍼, 사포)	뻥끼(페인트)
삐라(전단)	사라다(샐러드)	센치하다(감상적이다)
쎄라복(세일러복, 해군복)	아파트(아파트먼트, 공동주택)	엑기스(농축액, 진액)
오바(외투)	인플레(인플레이션)	자꾸(지퍼)
조끼(잔)	츄리닝(운동복, 연습복)	콤비(콤비네이션)
테레비(텔레비전)	함바 스텍(햄버그 스테이크)	

앞에서 살펴본 것처럼 우리의 언어생활에 침투해 있는 일본말들의 자리가 크고 깊기 때문에 대신할 좋은 우리말이 있다고 하더라도 짧은 시간 안에 바꾸기는 어려울 것이다. 그러므로 귀찮고 어렵더라도 마땅한 우리말을 찾아 써 나가야 할 것이다. 우리말이 안고 있는 중요한 과제라고 하겠다.

틀리기 쉬운 우리말 102가지

1. 아기가 책을 꺼꾸로 보고 있다.(꺼꾸로 → 거꾸로)
2. 소가 언덕배기에서 놀고 있구나.(언덕배기 → 언덕배기)
3. 딱다구리가 쉴새없이 나무를 쪼고 있다.(딱다구리 → 딱따구리)
4. 땀에서 짭잘한 맛이 났다.(짭잘한 → 짭짤한)
5. 오늘은 페품을 내는 날이다.(페품 → 폐품)

6. 김건모의 핑게라는 노래가 인기 있다.(핑게 → 핑계)
7. 내 작품이 교실 게시판에 붙어있다.(게시판 → 게시판)
8. 5학년 1반으로 가면 국가게양대가 있다.(게양대 → 게양대)
9. 백화점 휴게실에서 만나자.(휴게실 → 휴게실)
10. 성적표를 보니 씁슬한 기분이 들었다.(씁슬한 → 씁쓸한)

11. 나와 내 동생은 연연생으로 태어났다.(연연생 → 연년생)
12. 늠늠한 항도의 남학생들을 보라니(늠늠한 → 늠름한)
13. 귀에 걸면 귀거리, 코에 걸면 코거리.(귀거리, 코거리 → 귀걸이, 코걸이)
14. 입지 않는 옷은 옷거리에 걸어야 한다.(옷거리 → 옷걸이)
15. 여름에는 어름이 많이 팔린다.(어름 → 얼음)

16. 거리가 얼마나 될지 가름해 보았다.(가름해 → 가늠해)
17. 누구 말이 옳은지 가늠해보자.(가늠해보자 → 가름해보자)
18. 천사의 손가락이 동쪽을 가르쳤다.(가르쳤다 → 가리켰다)
19. 용기를 가르쳐주신 고마운 선생님이 계셨다.(가르켜주신 → 가르쳐주신)
20. 종이가 갈갈이 찢어졌다.(갈갈이 → 갈가리)

21. 내 거름이 몹시 늦어 지각했다.(거름 → 걸음)
22. 구름이 거치자 맑은 하늘이 보였다.(거치자 → 걷히자)
23. 밀양을 걷힌 기차가 부산에 도착했다.(걷힌 → 거친)
24. 형제끼리 총을 겨루었던 6.25의 비극(겨루었던 → 겨누었던)
25. 1반과 2반이 축구로 승부를 겨누었다.(겨누었다 → 겨루었다)

26. 무 깍뜻이 나무를 깎았다.(깍뜻이, 깎았다 → 깍뜻이, 깎았다)
27. 참 깍뜻한 존대말을 듣는구나.(깍뜻한 → 깍뜻한, 존대말 → 존댓말)
28. 조개 껍질을 모아 보자.(껍질을 → 껍데기를)
29. 포도 껍데기는 먹지 마라.(껍데기는 → 껍질은)
30. 낟 : 곡식 낟알 / 낫 : 풀 베는 낫 / 낮 : 밝은 대낮 / 낱 : 낱개 / 모두 `낟`
    으로 소리 남.

31. 너비 : 폭, 도로의 너비 / 넓이 : 면적, 운동장의 넓이
32. 갑자기 새들이 날라갔다.(날라 → 날아)
33. 이삿짐을 모두 날아라.(날아라 → 날라라)
34. 개가 __를 나았다.(나았다 → 낳았다)
35. 병이 다 낳은 할머니를 뵈었다.(낳은 → 나은)

36. 우리는 힘들게 산을 너머 갔다.(너머 → 넘어)
37. 우리의 목적지는 산 넘어에 있다.(넘어 → 너머)
38. 고무줄을 아래로 늘려보았다.(늘려 → 늘여)
39. 돈을 한 푼 두 푼 늘여나갔다.(늘여 → 늘려)
40. 어머니께서 옷을 달이고 계시다.(달이고 → 다리고)

41. 어머니께서 약을 다리고 계시다.(다리고 → 달이고)
42. 줄을 힘껏 댕기다.(댕기다 → 당기다)
43. 아궁이에 불을 당겼다.(당겼다 → 댕겼다)
44. 나는 넓은 대로 나가 살고 싶다.(넓은 대로 → 넓은 데로)
45. 나는 들은 데로 말하고 있다.(들은 데로 → 들은 대로)

46. 그 책은 내가 읽든 책이고, 그 밥도 내가 먹든 것이다.(읽든, 먹든 → -던,)
47. 먹던 말던 네 마음대로 해라.(먹던, 말던 → -든)
48. 얼마나 놀랐든지 땀이 흠뻑 났다.(놀랐든지 → 놀랐던지)
49. 가던지 말던지 네 마음대로 해라.(가던지 말던지 → -든지)
50. 나의 1학기를 뒤돌아보니 반성할 게 많다.(뒤돌아보니 → 되---, 참고로 둘
    다 맞음)

51. 반장이 줄이 바른가 되돌아보았다.(되돌아보았다 → 뒤---, 참고로 둘 다
    맞음)

52. 이불이 두텁다.(두텁다 → 두껍다)

53. 우리의 우정이 두껍다.(두껍다 → 두텁다)

54. 화장실 문을 두들기지 마라(두들기지 → 두드리지)

55. 개를 두드려 패는 것은 몹쓸 짓이다.(두드려 → 두들겨)

56. 나의 마음을 들어낼 수밖에 없었다.(들어낼 → 드러낼)

57. 사물함에서 책을 모두 드러냈다.(드러냈다. → 들어---)

58. 학원 가는 길에 우리 집에 들렀다 가자.(들렀다 → 들렀다)

59. 엄마의 공부하라는 등살에 괴롭다.(등살 → 등쌀)

60. 남의 눈에 띄이지 않게 놀러 갔다.(띄이지 → 띄지)

61. 역사적 사명을 띄고 태어난 가은이와 은우.(띄고 → 띠고)

62. 용돈이라야 1000원이 안된다.(-용돈이라야 → --이래야)

63. 5학년이래야 이 문제를 풀 수 있다.(5학년이래야 → --이라야)

64. 항도 어린이로써 자부심을 갖자.(어린이로써 → --로서)

65. 죽음으로서 나라를 지킨 이순신 장군.(죽음으로서 → --로써)

66. 오늘 일을 모두 맞혔다.(맞혔다 → 마쳤다)

67. 문제를 모두 마추었다.(마추었다 → 맞추었다, 맞혔다.)

68. 저 물건들 중 내 오가지는 얼마나 될까?(오가지 → 오가치)

69. 닭의 오가치를 비틀어도 새벽은 온다.(오가치 → 오가지)

70. 나물을 맛있게 묻힌다.(묻힌다. → 무친다)

71. 땅에 무친 보물을 찾아라(무친 → 묻힌)

72. 독립 운동에 목숨을 받친 이육사 선생님.(받친 → 바친)

73. 우산을 바치고 겨우 소나기를 피했다.(바치고 → 받치고)

74. 자동차에 바치고도 살아 남았다.(바치고도 → 받히고도)

75. 가은이는 두 살박이다.(두 살박이 → 두 살배기)

76. 우리집 개는 점배기다. (점배기 ⟶ 점박이)
77. 내년에는 우리가 반듯이 우승하고 말겠다. (반듯이 ⟶ 반드시)
78. 그 아이는 코가 반드시 생겼다. (반드시 ⟶ 반듯이)
79. 그 녀석의 거짓말이 발개지고 말았다. (발개지고 ⟶ 발가지고)
80. 그 녀석은 부끄러워 발가지고 있었다. (발가지고 ⟶ 발개지고)

81. 고양이가 __를 베어 있었다. (베어 ⟶ 배어)
82. 낫으로 나무를 배고 있었다. (배고 ⟶ 베고)
83. 베개를 왜 배지 않고 자니? (배지 ⟶ 베지)
84. 다리를 힘껏 벌이고 있어라. (벌이고 ⟶ 벌리고)
85. 너는 쓸데없이 일을 많이 벌린다. (벌린다 ⟶ 벌인다)

86. 베개를 비고 누우니 편하구나. (비고 ⟶ 베고)
87. 꽃봉우리가 탐스럽다. (꽃봉우리 ⟶ 꽃봉오리)
88. 저 산봉오리를 넘어 가면 소풍 장소가 나온다. (산봉오리 ⟶ 산봉우리)
89. 방금 선생님께 편지를 붙이고 왔다. (붙이고 ⟶ 부치고)
90. 선생님께서 `학예회에 붙이는 글`을 읽으셨다. (붙이는 ⟶ 부치는)

91. 불우이웃을 돕자는 의견이 회의에 붙혀졌다. (붙혀졌다 ⟶ 부쳐졌다)
92. 우표를 봉투에 부쳤다. (부쳤다 ⟶ 붙였다.)
93. 미화부가 그림을 게시판에 부친다. (부친다 ⟶ 붙인다)
94. 싸움을 부치는 것은 비겁하다. (부치는 ⟶ 붙이는)
95. 종이에 불을 부친다. (부친다 ⟶ 붙인다)

96. 나는 요즘 일찍 일어나는 습관을 부치고 있다. (부치고 ⟶ 붙이고)
97. 잘 때 물을 많이 먹어 몸이 불고 말았다. (불고 ⟶ 붇고)
98. 채송화가 비스름하게 피어 있다. (비스름하게 ⟶ 비스듬하게)
99. 나와 동생은 생김새가 비스름하다. (비스름하다 : 거의 비슷하다)
100. 우리집 골목길은 비뚜로하게 나 있다. (비뚜로 : 비뚤어지게)

101. 나의 보짱은 흔들리지 않을 것이다.

    (보짱 : 꿋꿋하게 가지는 속마음, 배짱 : 굽히지 않는 힘)

102. 빗 : 머리 빗는 물건 / 빚 : 남에게 꾸어 쓴 돈 / 빛 : 광선. 빛깔. 모두

    '빋'으로 소리남.

◉ 문장 부호

1. 마침표(終止符)

1) 온점(.), 고리점(.)
가로쓰기에는 온점, 세로쓰기에는 고리점을 쓴다.

(1) 서술, 명령, 청유 등을 나타내는 문장의 끝에 쓴다.
　　젊은이는 나라의 기둥이다.
　　황금 보기를 돌같이 하라.
　　집으로 돌아가자.

다만, 표제어나 표어에는 쓰지 않는다.
　　압록강은 흐른다(표제어)
　　꺼진 불도 다시 보자(표어)

(2) 아라비아 숫자만으로 연월일을 표시할 적에 쓴다.
　　1919. 3. 1. (1919 년 3 월 1 일)

2) 물음표(?)
의심이나 물음을 나타낸다.

(1) 직접 질문할 때에 쓴다.

　　이제 가면 언제 돌아오니?

　　이름이 뭐지?

(2) 반어나 수사 의문(修辭疑問)을 나타낼 때 쓴다.

　　제가 감히 거역할 리가 있습니까?

　　이게 은혜에 대한 보답이냐?

　　남북 통일이 되면 얼마나 좋을까?

(3) 특정한 어구 또는 그 내용에 대하여 의심이나 빈정거림, 비웃음 등을
　　표시할 때, 또는 적절한 말을 쓰기 어려운 경우에 소괄호 안에 쓴다.

　　그것 참 훌륭한(?) 태도야.

　　우리 집 고양이가 가출(?)을 했어요.

[붙임 1]　한 문장에서 몇 개의 선택적인 물음이 겹쳤을 때에는 맨 끝의
　　물음에만 쓰지만, 각각 독립된 물음인 경우에는 물음마다 쓴다.

　　너는 한국인이냐, 중국인이냐?

　　너는 언제 왔니? 어디서 왔니? 무엇하러?

[붙임 2]　의문형 어미로 끝나는 문장이라도 의문의 정도가 약할 때에는
　　물음표 대신 온점(또는 고리점)을 쓸 수도 있다.

　　이 일을 도대체 어쩐단 말이냐.

　　아무도 그 일에 찬성하지 않을 거야. 혹 미친 사람이면 모를까.

3) 느낌표(!)

감탄이나 놀람, 부르짖음, 명령 등 강한 느낌을 나타낸다.

(1) 느낌을 힘차게 나타내기 위해 감탄사나 감탄형 종결 어미 다음에 쓴다.

앗!

아, 달이 밝구나!

(2) 강한 명령문 또는 청유문에 쓴다.

지금 즉시 대답해!

부디 몸조심하도록!

(3) 감정을 넣어 다른 사람을 부르거나 대답할 적에 쓴다.

춘향아!

예, 도련님!

(4) 물음의 말로써 놀람이나 항의의 뜻을 나타내는 경우에 쓴다.

이게 누구야!

내가 왜 나빠!

[붙임] 감탄형 어미로 끝나는 문장이라도 감탄의 정도가 약할 때에는 느
낌표 대신 온점(또는 고리점)을 쓸 수도 있다.

개구리가 나온 것을 보니, 봄이 오긴 왔구나.

2. 쉼표(休止符)

1) 반점(,), 모점(╭)

가로쓰기에는 반점, 세로쓰기에는 모점을 쓴다.

문장 안에서 짧은 휴지를 나타낸다.

(1) 같은 자격의 어구가 열거될 때에 쓴다.

근면, 검소, 협동은 우리 겨레의 미덕이다.

충청도의 계룡산, 전라도의 내장산, 강원도의 설악산은 모두 국립 공원이다.

다만, 조사로 연결될 적에는 쓰지 않는다.

매화와 난초와 국화와 대나무를 사군자라고 한다.

(2) 짝을 지어 구별할 필요가 있을 때에 쓴다.

닭과 지네, 개와 고양이는 상극이다.

(3) 바로 다음의 말을 꾸미지 않을 때에 쓴다.

슬픈 사연을 간직한, 경주 불국사의 무영탑.

성질 급한, 철수의 누이동생이 화를 내었다.

(4) 대등하거나 종속적인 절이 이어질 때에 절 사이에 쓴다.

콩 심으면 콩 나고, 팥 심으면 팥 난다.

흰 눈이 내리니, 경치가 더욱 아름답다.

(5) 부르는 말이나 대답하는 말 뒤에 쓴다.

애야, 이리 오너라.

예, 지금 가겠습니다.

(6) 제시어 다음에 쓴다.

빵, 빵이 인생의 전부이더냐?

용기, 이것이야말로 무엇과도 바꿀 수 없는 젊은이의 자산이다.

(7) 도치된 문장에 쓴다.

이리 오세요, 어머님.

다시 보자, 한강수야.

(8) 가벼운 감탄을 나타내는 말 뒤에 쓴다.

아, 깜빡 잊었구나.

(9) 문장 첫머리의 접속이나 연결을 나타내는 말 다음에 쓴다.

첫째, 몸이 튼튼해야 된다.

아무튼, 나는 집에 돌아가겠다.

다만, 일반적으로 쓰이는 접속어(그러나, 그러므로, 그리고, 그런데 등) 뒤에는 쓰지 않음을 원칙으로 한다.

그러나 너는 실망할 필요가 없다.

(10) 문장 중간에 끼어든 구절 앞뒤에 쓴다.

나는, 솔직히 말하면, 그 말이 별로 탐탁하지 않소.

철수는 미소를 띠고, 속으로는 화가 치밀었지만, 그들을 맞았다.

(11) 되풀이를 피하기 위하여 한 부분을 줄일 때에 쓴다.

여름에는 바다에서, 겨울에는 산에서 휴가를 즐겼다.

(12) 문맥상 끊어 읽어야 할 곳에 쓴다.

갑돌이가 울면서, 떠나는 갑순이를 배웅했다.

갑돌이가, 울면서 떠나는 갑순이를 배웅했다.

철수가, 내가 제일 좋아하는 친구이다.

남을 괴롭히는 사람들은, 만약 그들이 다른 사람에게 괴롭힘을 당해 본다면, 남을 괴롭히는 일이 얼마나 나쁜 일인지 깨달을 것이다.

(13) 숫자를 나열할 때에 쓴다.

1, 2, 3, 4

(14) 수의 폭이나 개략의 수를 나타낼 때에 쓴다.

5, 6 세기   6, 7 개

(15) 수의 자릿점을 나타낼 때에 쓴다.

14,314

2) 가운뎃점(·)

열거된 여러 단위가 대등하거나 밀접한 관계임을 나타낸다.

(1) 쉼표로 열거된 어구가 다시 여러 단위로 나누어질 때에 쓴다.

철수·영이, 영수·순이가 서로 짝이 되어 윷놀이를 하였다.

공주·논산, 천안·아산·천원 등 각 지역구에서 2 명씩 국회 의원을 뽑는다.

시장에 가서 사과·배·복숭아, 고추·마늘·파, 조기·명태·고등어를 샀다.

(2) 특정한 의미를 가지는 날을 나타내는 숫자에 쓴다.

3 · 1 운동   8 · 15 광복

(3) 같은 계열의 단어 사이에 쓴다.

경북 방언의 조사연구

충북충남 두 도를 합하여 충청도라고 한다.

동사형용사를 합하여 용언이라고 한다.

3) 쌍점(:)

(1) 내포되는 종류를 들 적에 쓴다.

문장 부호: 마침표, 쉼표, 따옴표, 묶음표 등.

문방사우: 붓, 먹, 벼루, 종이.

(2) 소표제 뒤에 간단한 설명이 붙을 때에 쓴다.

일시: 1984 년 10 월 15 일 10 시.

마침표: 문장이 끝남을 나타낸다.

(3) 저자명 다음에 저서명을 적을 때에 쓴다.

정약용: 목민심서, 경세유표.

주시경: 국어 문법, 서울 박문 서관, 1910.

(4) 시(時)와 분(分), 장(章)과 절(節) 따위를 구별할 때나, 둘 이상을 대비할 때에 쓴다.

오전 10:20 (오전 10 시 20 분)

요한 3:16 (요한복음 3 장 16 절)

대비 65:60 (65 대 60)

4) 빗금(/)

(1) 대응, 대립되거나 대등한 것을 함께 보이는 단어와 구, 절 사이에 쓴다.

남궁만/남궁 만   백이십오 원/125 원
착한 사람/악한 사람   맞닥뜨리다/맞닥트리다

(2) 분수를 나타낼 때에 쓰기도 한다.

3/4 분기   3/20

3. 따옴표(引用符)

1) 큰따옴표(" "), 겹낫표(『 』)

가로쓰기에는 큰따옴표, 세로쓰기에는 겹낫표를 쓴다.
대화, 인용, 특별 어구 따위를 나타낸다.

(1) 글 가운데서 직접 대화를 표시할 때에 쓴다.

"전기가 없었을 때는 어떻게 책을 보았을까?"
"그야 등잔불을 켜고 보았겠지."

(2) 남의 말을 인용할 경우에 쓴다.

예로부터 "민심은 천심이다."라고 하였다.
"사람은 사회적 동물이다."라고 말한 학자가 있다.

2) 작은따옴표(' '), 낫표(「 」)

가로쓰기에는 작은따옴표, 세로쓰기에는 낫표를 쓴다.

(1) 따온 말 가운데 다시 따온 말이 들어 있을 때에 쓴다.
"여러분! 침착해야 합니다. '하늘이 무너져도 솟아날 구멍이 있다.'고 합
니다."

(2) 마음 속으로 한 말을 적을 때에 쓴다.
'만약 내가 이런 모습으로 돌아간다면, 모두들 깜짝 놀라겠지.'

[붙임] 문장에서 중요한 부분을 두드러지게 하기 위해 드러냄표 대신에
쓰기도 한다.
지금 필요한 것은 '지식'이 아니라 '실천'입니다.
'배부른 돼지'보다는 '배고픈 소크라테스'가 되겠다.

4. 묶음표(括弧符)

1) 소괄호(( ))
(1) 원어, 연대, 주석, 설명 등을 넣을 적에 쓴다.
커피(coffee)는 기호 식품이다.
3·1 운동(1919) 당시 나는 중학생이었다.
'무정(無情)'은 춘원(6·25 때 납북)의 작품이다.
니체(독일의 철학자)는 이렇게 말했다.

(2) 특히 기호 또는 기호적인 구실을 하는 문자, 단어, 구에 쓴다.
(1) 주어   (ㄱ) 명사   (라) 소리에 관한 것

(3) 빈 자리임을 나타낼 적에 쓴다.
우리나라의 수도는 (   )이다.

2) 중괄호({ })

여러 단위를 동등하게 묶어서 보일 때에 쓴다.

주격 조사 $\left\{ \begin{matrix} 이 \\ 가 \end{matrix} \right\}$ 　　　　국가의 3 요소 $\left\{ \begin{matrix} 국토 \\ 국민 \\ 주권 \end{matrix} \right\}$

3) 대괄호([ ])

(1) 묶음표 안의 말이 바깥 말과 음이 다를 때에 쓴다.

　　나이[年歲]　　　낱말[單語]　　　手足[손발]

(2) 묶음표 안에 또 묶음표가 있을 때에 쓴다.

　　명령에 있어서의 불확실[단호(斷乎)하지 못함]은 복종에 있어서의 불확

　　실[모호(模糊)함]을 낳는다.

5. 이음표(連結符)

1) 줄표 (─)

이미 말한 내용을 다른 말로 부연하거나 보충함을 나타낸다.

(1) 문장 중간에 앞의 내용에 대해 부연하는 말이 끼어들 때 쓴다.

　　그 신동은 네 살에 ─ 보통 아이 같으면 천자문도 모를 나이에 ─ 벌써

　　시를 지었다.

(2) 앞의 말을 정정 또는 변명하는 말이 이어질 때 쓴다.

　　어머님께 말했다가 ─ 아니, 말씀드렸다가 ─ 꾸중만 들었다.

　　이건 내 것이니까 ─ 아니, 내가 처음 발견한 것이니까 ─ 절대로 양보

　　할 수가 없다.

2) 붙임표(-)

(1) 사전, 논문 등에서 합성어를 나타낼 적에, 또는 접사나 어미임을 나타
낼 적에 쓴다.

겨울-나그네   불-구경   손발

휘-날리다   슬기-롭다   -(으)ㄹ걸

(2) 외래어와 고유어 또는 한자어가 결합되는 경우에 쓴다.

나일론-실   다-장조   빛-에너지   염화-칼륨

3) 물결표(~)

(1) '내지'라는 뜻에 쓴다.

9 월 15 일 ~ 9 월 25 일

(2) 어떤 말의 앞이나 뒤에 들어갈 말 대신 쓴다.

새마을: ~ 운동   ~ 노래

-가(家): 음악 ~   미술 ~

6. 드러냄표(顯在符)

1) 드러냄표(˙ , ˚)

˙이나 ˚을 가로쓰기에는 글자 위에, 세로쓰기에는 글자 오른쪽에 쓴다.
문장 내용 중에서 주의가 미쳐야 할 곳이나 중요한 부분을 특별히 드러내
보일 때 쓴다.

한글의 본 이름은 훈민정음이다.

중요한 것은 왜 사느냐가 아니라 어떻게 사느냐 하는 문제이다.

[붙임] 가로쓰기에서는 밑줄(_____, ﹌﹌﹌﹌)을 치기도 한다.
　　　 다음 보기에서 명사가 <u>아닌</u> 것은?

7. 안드러냄표(潛在符)

1) 숨김표(××, ○○)
알면서도 고의로 드러내지 않음을 나타낸다.

(1) 금기어나 공공연히 쓰기 어려운 비속어의 경우, 그 글자의 수효만큼
　　쓴다.
　　배운 사람 입에서 어찌 ○○○란 말이 나올 수 있느냐?
　　그 말을 듣는 순간 ×××란 말이 목구멍까지 치밀었다.

(2) 비밀을 유지할 사항일 경우, 그 글자의 수효만큼 쓴다.
　　육군 ○○부대 ○○○ 명이 작전에 참가하였다.
　　그 모임의 참석자는 김×× 씨, 정×× 씨 등 5명이었다.

2) 빠짐표(□)
글자의 자리를 비워 둠을 나타낸다.

(1) 옛 비문이나 서적 등에서 글자가 분명하지 않을 때에 그 글자의 수효만
　　큼 쓴다.
　　　大師爲法主□□賴之大□薦 (옛 비문)

(2) 글자가 들어가야 할 자리를 나타낼 때 쓴다.

　훈민정음의 초성 중에서 아음(牙音)은 □ □ □의 석 자다.

3) 줄임표(……)

(1) 할 말을 줄였을 때에 쓴다.

　"어디 나하고 한번……."

　하고 철수가 나섰다.

(2) 말이 없음을 나타낼 때에 쓴다.

　"빨리 말해!"

　"……."

저자 소개

김승종 : 문학박사(중앙대)/시인/시집 『머리가 또 가렵다』
(시와 시학사 1995) 등/연성대 교수

이연숙 : 문학박사(중앙대)/소설가/소설집 『선물』 (평민사 2010) 등/
중앙대 · 연성대 강사

김병덕 : 문학박사(중앙대)/소설가/평론집 『한국소설의 일상성』
(국학자료원 2009) 등/중앙대 · 연성대 강사

한용국 : 문학박사(건국대)/시인/건국대 · 연성대 강사

김영범 : 박사 수료(고려대)/평론가/경원대 · 연성대 강사

전형철 : 박사 수료(고려대)/시인/서울여대 초빙강의교수 · 연성대 강사

한세정 : 박사 수료(고려대)/시인/연성대 강사

김영건 : 박사 수료(고려대)/연성대 강사

박정우 : 박사 수료(중앙대)/소설가/중앙대 · 연성대 강사

조문형 : 박사 수료(서강대)/서강대 · 연성대 강사

*같이 읽으면 좋은 책
『창의 사고와 표현』 (한올출판사 2011)

글쓰기와 말하기

2014년 2월 20일 초판1쇄 발행
2014년 2월 25일 초판1쇄 인쇄

저   자   김승종 등 공저
펴낸이   임순재
펴낸곳   **한올출판사**
          등록 제11-403호
          121-849
          주   소   서울시 마포구 성산동 133-3 한올빌딩 3층
          전   화   (02)376-4298(대표)
          팩   스   (02)302-8073
          홈 페 이 지   www.hanol.co.kr
          o - 메   일   hanol@hanol.co.kr
          정   가   12,000원

■ ISBN 979-11-85596-88-4